15

DAS ANDERE
DAS ANDERE
DAS ANDERE
DAS ANDERE
DAS ANDERE

EDITO
Belo Horizon

Wojciech Tochman
HOJE VAMOS DESENHAR A MORTE

TRADUÇÃO | Eneida Favre
PREPARAÇÃO | Silvia Massimini Felix
REVISÃO | Ana Martini, Andrea Stahel

SUMÁRIO

007 **HOJE VAMOS DESENHAR A MORTE**

219 Agradecimentos
223 Literatura

231 Biografia

HOJE VAMOS DESENHAR A MORTE

1

Quem vai desenhar é Leonard, seu filho. Ela o pariu primeiro, depois ainda outros três. Mas primeiro a mãe precisa sair da escuridão na qual ficou naquela época. Escuridão de que eles saíram correndo para outra escuridão. Primeiro ele precisa permitir-lhe isso, compreender que ela existiu. Ela cheirava a óleo de eucalipto, tinha uma respiração calma, as mãos quentes e o colo confortável. Dizia para os filhos: minhas estrelinhas mais lindas. Eles eram muito pequenos para protestar que não se fala assim com meninos. Ela se chamava Gloriose, em homenagem à mãe de Deus. Moravam numa casa de taipa, numa verde encosta que desce suavemente até o lago Kivu. O lago é grande, profundo, às vezes azul, às vezes negro, sempre lindo.

Naquele abril, ele tinha nove anos. Hoje tem 24, 1m95 de altura, silhueta delgada, o crânio como o de Nefertiti, os olhos atentos e os cabelos curtos — com essa aparência, naquela época, um homem não tinha nem direito à próxima palavra ou à próxima respiração. Mas não mataram seu pai por causa da aparência. Eles sabiam quem ele era. Toda noite, durante anos, beberam cerveja Primus com ele, a altura não significava nada. O pai saiu de casa ainda antes do anoitecer, em pleno sol. É assim que Leonard se lembra dele. Todos os dias, depois de terminar o trabalho, ia para o *cabaret* (é assim que se chamam em Ruanda os bares e as hospedarias rurais), lá bebia uma cerveja e voltava. Embora naquele dia não tenha voltado na hora certa, embora nunca mais tenha voltado de lá — ele ficou do lado luminoso. O filho hoje pode falar sobre ele. O pai era dono de uma firma pequena, tinha alguns empregados, construía casas para as pessoas. Engenhoso, sociável, alegre. Repetia muitas vezes para os filhos: sem o papai, não cheguem perto do lago.

Sobre a mãe, Leonard não fala uma palavra sequer. Foi apagada da memória aquela que o deu à luz? Havia o fim, mas não havia o começo?

— *Hi, I'm Leo* — ouço atrás de mim, enquanto olho para as faces em preto e branco no mostruário envidraçado. Mas eu não preciso de companhia agora, preciso de silêncio. Quero ficar apenas com aqueles que estão atrás da vidraça. Eles olham para mim. — Num só dia decapitaram umas quinhentas pessoas — Leo me diz. Essa foi a segunda frase do nosso relacionamento.

Terceira, quarta e quinta:

— Durante muitos dias ficaram apodrecendo naquele gramado ali em volta. Agora estão aqui. Às vezes eu me sento aqui perto deles.

Assim fomos nos conhecendo. No campus da universidade, por cima de uma imensa laje de concreto que cobre os ossos dos estudantes e professores que foram recolhidos da grama.

Estou hospedado em Gikondo, a cinco minutos de motocicleta do centro de Kigali. Esse é o táxi mais barato do lugar, setecentos francos locais por trajeto, meu meio de locomoção preferido, capacete verde na cabeça, sol, ar, paisagem. Os motociclistas gostam de papear.

— Meu pai queria que eu fizesse curso superior — um deles me diz, talvez um pouco mais velho que Leonard. — Mataram meu pai, mataram todos os meus. Não longe daqui. Eu sei quem foi. Ainda hoje mora perto. Ficou na prisão. Voltou para Gikondo. Ele me disse, quando me cumprimentou, que eu tinha me tornado um belo adulto. Que eu sou parecido com meu pai. E agora ele acaricia a cabeça da minha filha. Fica dizendo que ela é a cara da vovó. Minha mãe, de quem ele cortou a cabeça.

A motocicleta corre, as palavras desaparecem com o vento, escurece.

Deito-me na escuridão e sei que não há ninguém em volta. A casa tem a forma de um barracão, tem muitos quartos, mas justo hoje ninguém está pernoitando aqui. Está silencioso e vazio. Quantos metros separam minha janela do muro da capela? Sete? Doze? Vou lá fora medir a distância em passos. Abro o mosquiteiro, levanto, mas não vou até a porta. Eu teria de passar de novo pelo corredor infestado de vermes, então desisto e me aproximo da janela. Contando com uma luz distante e miserável, procuro respostas para a minha pergunta. Seriam uns dez passos, não mais que isso. Mas para que eu quero saber isso? Vejo a nova e clara parede da capela. E vejo suas sombras. Para que eu quero saber a distância? Embora não me sejam ameaçadoras, acendo o abajur sem pensar. Em cima da escrivaninha está o catálogo que eu trouxe hoje do Centro da Memória. No catálogo, a fotografia de uma menininha. De vestidinho branco de babados, olha confiante para alguém que está de pé a seu lado. Não tenho como saber quem era (a mamãe ou o papai?), nem sei dizer como era. A foto foi enquadrada de modo que mostra apenas a criança. Ela sorri, com orgulho dá seus primeiros passos. Legenda: Aurore, dois anos, queimada viva na capela em Gikondo.

Sei que seus ossos enegrecidos repousam agora num pequeno túmulo a poucos metros de mim, atrás da parede oposta e sem janela.

Sei que Leonard teve uma grande sorte.

Mas ainda não sei muito sobre a terra das «mil colinas e um milhão de sorrisos». Assim escreveu para mim na saudação uma máquina computadorizada do setor de imigração em Kigali, mandando-me por e-mail o visto ruandês.

Os livros, os relatórios internacionais e o Google dão a entender que esse país montanhoso na África Central, do tamanho de uma voivodia polonesa (alguém chamou

Ruanda de país de bolso), tem 10 milhões de habitantes. A maioria deles mora na área rural. Cultivam feijão, mandioca, batata-doce e sorgo. Equipamento agrícola básico: enxada, picareta, facão. Riquezas naturais: quase inexistentes. Indústria: nenhuma. Desemprego: em alguns lugares, quase 80%. Orçamento do Estado: depende na maior parte de auxílio externo. Uma em cada três pessoas vive aqui com menos de um dólar por dia. A metade dos habitantes tem menos de quinze anos de idade. Expectativa média de vida: cinquenta anos. Mortalidade infantil: cem a cada mil nascidos vivos. Além disso, a cada mil crianças nascidas vivas aqui, mais de 150 morrem antes de completar cinco anos de vida. Doenças principais: malária e aids. Os doentes não são atendidos por médicos. Nos postos de saúde quase não há médicos. Existem enfermeiras, uma para cada 3 mil moradores. Os médicos trabalham em uns poucos hospitais. Não há entre eles muitos especialistas. No país inteiro existe apenas um laringologista. As cirurgias cardíacas e oncológicas são feitas unicamente no exterior (por exemplo, no Quênia e na República da África do Sul). Por falta de dinheiro, elas geralmente não são realizadas. Dentistas? Existem menos de vinte, mas geralmente não têm equipamento nem o material necessário para o trabalho.

Apesar disso tudo, as instituições financeiras mundiais elogiam Ruanda pelo desenvolvimento econômico atingido depois do ano 2000. O Banco Mundial a chama de líder das reformas.

A maioria dos habitantes (dois terços) é católica, a minoria é protestante e mulçumana. A maioria, hútus (85%); a minoria, tútsis (14%) e pigmeus twas (1%).

Por enquanto, esse é o conhecimento resumido que obtive sobre Ruanda. Aprendi também, por outra fonte, que o barulho do facão partindo uma cabeça ao meio soa como o barulho do facão rachando um repolho.

Aurore Kirezi, dois anos, paroquiana de Gikondo. Sua carinha linda está pendurada agora na parede do prédio do Centro da Memória de Kigali, ao lado de outras crianças. Estão iluminadas com fortes refletores. Estão aqui também para mim. Para que eu possa olhá-las. Vim aqui para me informar mais, antes de começar a conversar com aqueles que sobreviveram. Anoto o nome das crianças, os sobrenomes e as informações adicionais dispostas abaixo de cada fotografia. Sobre Aurore, dizem que era uma criança tagarela e que gostava de beber leite. Eu anoto cada palavra que alguém trouxe aqui. Alguém que sobreviveu e sabia pequenos detalhes da vida diária. Sou-lhe grato, porque fez isso também por mim. Para que eu me informasse e compreendesse que isso que vejo aqui não deve ser mantido apenas para mim. Para que depois eu pudesse contar aos outros, sem censurar aquilo que agora anoto. Por que eu quero contar sobre isso? Para quem e para quê? Para aqueles que dizem que não sabiam? Que não conheciam a verdade? Mas onde fica a fronteira entre dizer a verdade e fazer sensacionalismo? Será que esse que vai me dizer «você está fazendo sensacionalismo o sofrimento das crianças» estará falando de mim? Ou estará dizendo sobre si mesmo: eu não consigo compreender isso que você está contando, não há lugar em mim para isso, meu estômago dói, meu ventre dói.

Mas será isso um motivo para que eu me cale?

Thierry Ishimwe, nove meses. Na foto, está deitado sobre um lençol florido. Decapitado a facão nos braços da mãe.

Françoise Murengezi Ingabire, doze anos. Cabelo curto, sorriso largo. Gostava de nadar, comer ovos, batata chips e beber fanta tropical. Degolada.

Bernardin Kambanda, dezessete anos, na foto talvez esteja mais novo. Pequeno, olhar confiante, orelhas proeminentes. Empertigado no seu uniforme escolar (foi um aluno aplicado?), posa para a foto. Provavelmente alguém lhe falou que em tais ocasiões não é permitido sorrir, então dá para ver como, com toda a sua força, segura o sorriso. Facão.

David Mugiraneza, dez anos, na foto usa uma camisa branca com colarinho. Apoia a mão no queixo, tipo intelectual. Dizia que ia ser médico. Torturado até a morte.

Fidele Ingabire, nove anos (como Leonard). Tiro na cabeça.

Ariane Umotoni, quatro anos (como o irmão de Leonard). Faca nos olhos.

Fillette Uwase, dois anos. Esmagada contra a parede.

As crianças, antes de morrer, tinham de olhar suas mães serem estupradas (os netos — suas avós serem estupradas). Os homens olhavam suas esposas serem estupradas (os avós — suas netas). E enfiarem garrafas entre suas pernas. Era assim que com mais frequência matavam as mulheres tútsis: com um golpe na barriga e embaixo. Antes de morrerem assistiam à morte de seus filhos. E de seus pais também.

No Kigali Memorial Centre, vejo agora suas fotos.[1] Olho também nos olhos dos adultos. Ainda não esperam por tudo aquilo. Centenas de pequenas fotografias de antes do genocídio estão afixadas com prendedores em fios de aço.

Fotos coloridas e em preto e branco: de cerimônias e festas de casamento e batizado, da escola, do trabalho,

---

1 «Todas as fotografias dizem: *Memento mori*», escreveu Susan Sontag no ensaio *Sobre fotografia*. Estas parecem dizer mais: lembre-se de que a morte pode vir pela mão do próximo, do irmão, do vizinho. Nunca tenha a certeza de que não terminará como nós. Ou como nossos assassinos. (Os dados bibliográficos de todas as citações estão no final do livro, listados na seção «Literatura».)

das férias. Posando e espontâneas. Os homens nas fotografias estão vestidos com ternos europeus, com gravatas, jabôs e paletós, em roupas esportivas e de trabalho. Casais, irmãos, pais com filhos, avós com netos. Faces risonhas, sérias, apaixonadas, preocupadas, pensativas, admiradas. Olham para nós. Mas ainda não sabem que aqui em Kigali será erguido um museu assim e que vão ficar penduradas na corda como roupa lavada. E que na sala ao lado, em grandes mostruários envidraçados, ficarão suas roupas, seus crânios fraturados uniformemente dispostos em filas, e, um pouco mais adiante, centenas de ossos longos: seus úmeros, tíbias e fêmures. Que assim será seu eterno descanso. E, se não for aqui, então será lá fora, nos jardins do Centro da Memória, sob imensas lajes de concreto, em túmulos de algumas centenas de metros cúbicos cada um. Estão enterradas aqui cerca de 250 mil pessoas. É um quarto de todos os assassinados em Ruanda em 1994. Seus corpos foram achados ao longo dos últimos quinze anos em valas, em latrinas, em lixões ou nas igrejas. Os corpos ou seus pedaços. Eles são enterrados (os enterros ainda continuam) em modestos caixões. Milhares de caixões. Em cada um, os restos mortais de até cinquenta pessoas. Durante cem dias foram assassinadas aqui 10 mil pessoas por dia, quatrocentas a cada hora, sete por minuto. O «país das mil colinas e de um milhão de sorrisos» transformou-se subitamente no país de um milhão de cadáveres fétidos.

Podemos aprender tudo isso ao longo de duas horas no Kigali Memorial Centre. E esse conhecimento me basta? Eu já posso ir embora? O avião da Brussels Airlines vai levar algumas horas para me conduzir direto para Bruxelas. O que eu ainda quero saber daqui? Aurore Kirezi, dois anos, de vestidinho — anotei. O que ainda me prende aqui? Françoise Murengezi Ingabire, doze anos, gostava de batata chips e fanta tropical — tomei nota. Por que ainda quero ficar sondando por aqui, que tabu quero tocar? Que medo experimentar? Que limite cruzar? E para quê?

Da maioria deles não há nenhum vestígio, fotografia ou sobrenome. Toda a família foi degolada, não há ninguém para sentir saudade deles, ninguém procura os desaparecidos, ninguém se lembra deles.

Leonard — uma das algumas centenas de milhares de crianças cujos pais foram mortos. E um das algumas dezenas de milhares de irmãos mais velhos sobreviventes. O cabeça da família, nove anos de idade. De quem se lembra? E do quê?

O que ele apagou da memória ou escondeu profundamente e finge para si mesmo que já não está na sua cabeça? Guardou alguma lembrança daquela vida? Talvez algum pequeno objeto dos seus pais ou uma foto deles? Não, não possui nada disso. Seus rostos continuam nítidos? E para que perguntar sobre isso?

Ele está procurando seus corpos? Não está. Não tem a menor esperança de encontrá-los, e menos ainda de identificá-los.

Como conversar com Leonard? Mãe: essa palavra não lhe passa pela garganta. Menos ainda: mamãe, mamãezinha. Vou ficar sabendo depois de muitos meses que seu nome era Gloriose, por ocasião do preenchimento do documento para o visto, no qual é obrigatório escrever os nomes dos pais. E o que aconteceu naquela noite de abril na sua casa no lago Kivu? Quando ele vai me falar sobre isso? Quando Leo esteve lá pela última vez? E para quê? Para que eu quero saber tudo isso?

Agora Leonard é um estudante de Direito na universidade em Butare. Ele está estudando graças a uma bolsa que o governo de Ruanda paga aos órfãos de 1994. É suficiente para pagar o dormitório acadêmico e para um prato de feijão na cantina da universidade. Ou para uma tigela de batatas. Duas vezes por dia, não há do que reclamar.

No escritório da Associação dos Estudantes — Crianças Sobreviventes do Genocídio (uma pequenina sala próxima do imenso túmulo daqueles cujo salvamento não foi possível) — há alguns colegas de Leonard. Altos, cheirosos, camisas passadas, calças jeans — sua aparência bem cuidada chama a atenção. Alguns têm cicatrizes na testa. Vê-se que o assassino não golpeou com o facão com força suficiente ou com a precisão necessária e a criança ensanguentada conseguiu fugir.

Para pertencer à associação, é necessário um documento do município que confirme o salvamento. Na universidade em Butare, a associação possui 1500 membros: órfãos, órfãos de pai ou de mãe, e aqueles – não muitos – que ainda têm um pai e uma mãe.

Os colegas de Leonard relatam onde moravam, como se chamavam o pai, a mãe, como foram mortos. Não uma nem duas vezes contaram isso a essas pessoas da Europa, estão acostumados. Porque é preciso contar isso aos europeus. E aos americanos também. Então, falam sobre suas irmãs e seus irmãos — como eles foram afogados na estrumeira, como era preciso assistir do esconderijo ao tormento deles, sem se mexer, sem ruídos. Chovia.

E eu aos poucos me acostumo. Escuto e penso: uma coisa mais cruel que isso eu na certa nunca mais vou ouvir, o ser humano, sem dúvida, não poderia inventar uma coisa mais cruel que isso. Mas não. Isso que eu escuto hoje não é nada perto daquilo que vou escutar amanhã. Isso que eu escrevo agora não é nada perto daquilo que vou escrever depois.

O testemunho de Leonard (eu o chamo de primeiro testemunho de Leonard) não é muito drástico: curto, econômico, algumas vezes incoerente, as palavras frequentemente não são terminadas, ressecam a mucosa, então cada frase se separa da seguinte pelo engolir de saliva, as frases se rompem, às vezes é difícil adivinhar o sentido, difícil ouvir, preciso então pedir para que repita mais alto.

— Eu corri.

Eu me esquivava dos hútus.

Era pequeno.

Meus irmãos eram menores que eu.

Famintos.

Três, quer dizer, dois. Três comigo.

Tenho três irmãos.

Dois meses no mato.

Os dias inteiros nas mesmas moitas, sem nada para beber.

(Sobre assuntos como fazer cocô no mesmo lugar do qual não se podia sair durante as doze horas seguintes, só viríamos a conversar depois de nos conhecermos havia dois anos.)

Mudança de lugar — de noite.

Comemos uma carcaça que encontramos. Espero que tenha sido de um cachorro.

O pai construía casas para as pessoas.

Moramos no orfanato.

Devia ser enterrado como homem, não como cachorro.

Leonard, como todos os sobreviventes, não gosta de cachorros.

No dia 6 de abril de 1994, à noite, sobre a cidade, derrubaram o avião a tiros. Nele voava o presidente do país. Até hoje não se sabe quem estava por trás desse assassinato. Sabe-se como ele foi interpretado: os tútsis assassinaram nosso presidente!

Não há livro sobre Ruanda no qual não se tenha escrito sobre esse fato. Pois isso foi o início. O sinal para começar o inimaginável. Ninguém poderia imaginar o que aconteceria aqui durante os cem dias seguintes. Nem as futuras vítimas e talvez nem os perpetradores. Embora estes últimos tenham se preparado cuidadosamente muitos meses antes: aqueles que eram tútsis, o rádio[2] chamava de baratas.

---

2   O rádio era e é, até hoje, o meio mais popular de comunicação de massa em Ruanda. Isso está ligado aos baixos índices de distribuição e de leitura dos jornais (um jornal custa dinheiro e, além do mais, há ainda muitos analfabetos) e à falta de acesso à televisão. As pessoas não conseguem comprar um televisor, sem falar em computador e acesso à internet. Ademais, em muitas casas não há eletricidade. As pessoas frequentemente carregam consigo aparelhos de rádio portáteis de pilha de vários tamanhos. É interessante notar que, num país onde, antes da época do GSM, raramente alguma casa tinha um telefone fixo, hoje até mesmo os mais pobres possuem celulares. Em Ruanda funcionam três operadoras. Pode-se comprar um telefone por apenas seiscentos francos ruandeses (cerca de oito euros) e carregar o aparelho na casa de alguém que tenha energia elétrica — por cem francos.

Aqueles que eram hútus tinham de ver nos seus vizinhos apenas os vermes rastejantes. Ele ameaça, mas é possível matá-lo. Apenas com um simples movimento. Porque, com o dinheiro estatal, foram importados da China contêineres cheios de facões baratos e brilhantes. Listas de tútsis foram elaboradas. Mas também listas de hútus ditos moderados, dos quais se esperava a desaprovação daquilo que estava planejado.

Por iniciativa do clã familiar do presidente, foi criada uma milícia, a Interhamwe. Ela era composta de pessoas comuns: trabalhadores, camponeses e desempregados. Interhamwe significa unidade. Ou: vamos agir juntos. Milhares de hútus, depois centenas de milhares, se uniram em torno de um objetivo: eliminar os tútsis da face da Terra.

Hútu? Tútsi?

Quinze anos depois do genocídio, essas são palavras proibidas, um tabu público. Não há tútsis, não há hútus, há apenas uma nação ruandesa. Não é permitido perguntar «o que você é», pois isso não tem nenhum sentido (ou pelo menos não deveria ter). Todos são iguais, todos são os mesmos. É assim que o presidente quer, é essa a política oficial de reconciliação. Mas, quando encontro alguém informalmente em Ruanda pela primeira vez, quase sempre, em não mais que cinco minutos já fico sabendo o que ele é. Porque o interlocutor logo arruma um pretexto — como por acaso — para meter na conversa o fato de ser tútsi. Quando não fala nada sobre isso, então mais frequentemente significa que ele não é tútsi.

O que primeiro chama a atenção em Ruanda é a sensação de aperto. Não é o sol ou a luz. Mas a sensação de aperto. Pode-se dizer de outra forma: a proximidade. Em todos os lugares — pessoas. Em todos os lugares — grupos, aglomerações, multidões. O país é pequeno, pequeno demais. A terra fértil é ainda menor, porque metade de Ruanda são montanhas nas quais não é possível morar. Então, é apertado nos vales. Da manhã até à noite, em quase todas as aldeias, se arrastam multidões incontáveis pelas trilhas enlameadas. Uns vão para um lado, outros para outro, e ainda outros ficam parados. Alguém vende ou compra alguma coisa, outro empurra a bicicleta com uma vasilha de *urwagwa*, com bananas para a *urwagwa*, com um saco de sorgo, porque também de sorgo se pode fazer bebida alcoólica. Apertado como na esquina da rua Marszałkowska com a Świętokrzyska, como na Fifth Avenue, na Champs-Élysées, na Ku'damm. Apenas as casas são outras: térreas, pobres, normalmente de tijolos de barro seco, vermelhas ou cinzentas de pau a pique. Mas aqui não é cinzento, porque as pessoas, sobretudo as mulheres, não têm medo de usar roupas coloridas, e frequentemente se parecem com borboletas multicoloridas: hútus, tútsis e twas.

Engana-se aquele que julga que se trata de três grupos étnicos. Talvez tenha sido assim séculos atrás, no começo, ou até antes do começo, quando Ruanda ainda não existia. Mas há séculos existe uma só comunidade, uma só nação Banyarwanda. Todos falam a mesma língua, creem nas mesmas coisas, comem a mesma comida, constroem da mesma maneira e moram do mesmo jeito. Na mesma terra.

Então, de onde vem essa divisão? Diferentes considerações — antropológicas, históricas e políticas — resultam em respostas diferentes.

Aqui não existe pintura antiga, não existe escultura nem literatura, mas existe a palavra ancestral. A arte da palavra falada, a arte de narrar contos de fada, mitos e lendas foi desenvolvida pelos ruandeses à perfeição.[3] Graças a isso, sabe-se que essas três denominações (ou melhor, esses três nomes) existem há tanto tempo quanto existe a língua kinyarwanda: Gahutu, Gatutsi, Gatwa. Três filhos do primeiro homem, irmãos, uma única semente, um único sangue.

O deus — *Imana* — pensava muito a qual deles dar o poder. Submeteu, então, os irmãos a diversas provas para verificar sua inteligência, perspicácia, responsabilidade e bravura. Sempre acontecia de Gatutsi se sair

---

[3] Muitos mitos ruandeses, lendas e narrações históricas orais são citados por Eugeniusz Rzewuski em seu excelente livro *Azania Zamani*. Também aproveito aqui seu conhecimento ao escrever sobre os hútus e os twas.

melhor. E isso em muitos mitos, repetidos aqui durante séculos. Os mitos perpetuaram a estrutura feudal Banyarwanda. Pelos mitos, sabemos que os irmãos não eram iguais. Fazer parte dos descendentes Gahutu, Gatutsi ou Gatwa era como um cartão de visitas. Não significava apenas a origem, mas também o modo de vida e trabalho, o jeito de ser, ou melhor, o comportamento, a atitude nos tempos de festas e nos tempos de guerra. Resumindo, os tútsis são criadores de gado, pastores, a aristocracia, a corte real. Brilhantes e distintos. Vieram para esta terra séculos atrás, pela vontade de Deus (algumas lendas dizem que os primeiros tútsis chegaram à Terra diretamente do céu). Trouxeram a cultura e o progresso, então os lavradores e colheiteiros que viviam aqui antes não tiveram saída: submeteram-se ao seu domínio.

Quase todos os livros sobre Ruanda falam a respeito disto, mas é preciso reiterar: o rei de Ruanda — *mwami* — sempre foi um tútsi. Alguns estudiosos da cultura afirmam que isso ocorre pelo menos desde a passagem do século XI para o XII, quando Gihanga, o criador do país, e da bovinocultura, estava no trono. Mas a maioria dos historiadores inclina-se à teoria de que os tútsis vieram para cá das terras da atual Etiópia, pela bacia do Nilo, no século XV. Eles trouxeram as vacas.

De um modo ou de outro, pelos menos durante os últimos cinco séculos, a vaca simbolizava em Ruanda a força e o poder. Não a lança ou o facão, mas a vaca. Segundo a tradição, até a queda do reinado, no final dos anos 1950, todas as vacas no país pertenciam ao rei. Na prática, as manadas pertenciam individualmente a senhores tútsis. Seus vassalos eram os hútus.

Os hútus eram os camponeses. Aqueles que trabalhavam a terra. E eles chegaram aqui, mais provavelmente ainda antes dos pastores tútsis, embora não se tenha certeza disso, nos primeiros séculos da nossa era. Mais tarde, quando os pastores trouxeram suas vacas, os hútus as arrendaram deles. O pastor tútsi era o patrão do hútu. Dava ao camponês proteção e estabilidade.

E ainda há os twas — supostamente os primeiros nestas terras, aborígenes, um punhado deles era de colhedores de mel nas florestas, e fora das florestas eram oleiros, trabalhadores agrícolas e servos. Também ainda muito tempo depois do aparecimento em Ruanda dos missionários brancos — conscienciosos algozes de jovens mulheres solteiras, que eles engravidavam. Perto de Kibuye (em breve iremos lá com Leonard por causa de outro assunto), avoluma-se no lago Kivu a inabitada e nua ilhazinha das Virgens. Diz-se que, até os anos 1970, a solteira promíscua condenada pelos familiares era levada para lá pelo mestre de cerimônias e algoz twa. De barca, como Caronte. Agonizava de fome e de sol, na rocha nua.

A eliminação das mulheres solteiras grávidas foi realizada em todos os grupos. Nesse costume, assim como em outros milhares de assuntos entre hútus, tútsis e twas, não havia diferenças. Uma comunidade, uma nação. Mas dividida — como talvez disséssemos na Europa — em classes ou estratos sociais.[4] Não em grupos étnicos.

Acontecia até mesmo de, raramente, famílias hútus e twas ascenderem na hierarquia social para, no fim, se tornarem tútsis. Era mais frequente, até o genocídio de 1994, acontecerem casamentos misturados. Deles nasciam crianças que pertenciam ao grupo herdado do pai — assim é em Ruanda e ninguém discute esse fato. Então, podemos imaginar uma mulher tútsi que dá à luz filhos hútus, pois seu marido é hútu. Pode-se imaginar que, depois de anos, se torne avó. Seus netos seriam hútus (se os netos fossem gerados pelo seu filho) ou tútsi (se seu genro fosse tútsi). Essa família multigeracional misturada não é raridade em Ruanda. Ocorre também de uma mulher tútsi ter um filho com um homem hútu e um segundo com um tútsi. Então, dizem, acontecia até — em 1994 — de uma mãe louca de ódio ter entregado um dos seus filhos ao assassino e que os outros — hútus — tenham assistido àquilo tudo.

---

4 Na «Palestra sobre Ruanda», publicada em *Ébano: Minha vida na África*, Ryszard Kapuściński prefere a analogia com a Índia. Ele chama hútus, tútsis e twas de castas.

Engana-se também aquele que acha que os tútsis ou hútus misturados assim dessa forma tenham algumas características antropológicas típicas. Muitos reiteram — como os colonizadores — que os primeiros são claros, altos e magros, e os segundos, ao contrário — escuros, atarracados e baixos. Atenção! Podemos nos enganar. Por exemplo, Innocent, que mora com Leonard num quarto do dormitório acadêmico, é escuro, miúdo e baixo. Alguns poderiam dizer: um puro twa. Mas Innocent é tútsi — ninguém das suas relações tem nenhuma dúvida disso. O que não significa que, naquela primavera, sua aparência não o tenha ajudado a sobreviver. Pode ser que Innocent, com facilidade, tenha convencido os assassinos que lhe eram desconhecidos de que era uma criança twa, e ganhou o direito de viver. Se encontrasse com conhecidos, seria inútil tentar convencê-los.

Leonard não pergunta a Innocent sobre aquele mês de abril. Nenhum colega pergunta a Leonard como ele sobreviveu.

Quarto de Leonard — a proximidade ruandesa. É a mesma coisa com os quartos dos outros estudantes. Quartos de três metros por quatro, duas camas estreitas, quatro rapazes. Ou ainda pior: quartos de quatro metros por quatro, três beliches e para cada leito até duas moças, ou seja, até uma dúzia moram juntas no mesmo pequeno quarto. Não têm outra saída. O Estado ruandês não tem como pagar para que Leonard tenha na vida pelo menos um momento somente para si. Sabe-se como era no orfanato: apertado, dia e noite entre crianças. E, na universidade, pessoas por perto desde cedo: desperta-o a respiração do colega; abre os olhos — seu rosto está a alguns centímetros ao lado; escova os dentes na pia — atrás de uma divisória miserável alguém, sem mais nem menos, está se aliviando; a porta para a latrina não fecha, então dá para ver aquele que está agachado no buraco; e o chuveiro é coletivo — o traseiro no traseiro do colega; a caminho das aulas, ao longo de cinco minutos, talvez diga umas trezentas vezes *amakuru* — como vai? Como está passando? Nas aulas — é difícil para ele mover o cotovelo; e na cantina é parecido — fila para o feijão, quina da mesa ou algum canto, porque falta lugar.

Na universidade, as crianças sobreviventes agrupam-se em famílias. Essas imitações das verdadeiras grandes famílias ruandesas são as filiais da associação. Cada uma dessas famílias fictícias tem um sobrenome. Vinte estudantes, às vezes duas vezes isso. Mais velhos e mais novos. Irmãos e irmãs escolhem entre si a mamãe e o papai. Os pais devem ser membros exemplares da associação e saber tudo sobre seus filhos. Devem dar apoio aos outros. Leonard me persuade de que os estudantes sozinhos inventaram essas famílias, porque sentiam essa necessidade.

— Graças à família, você pertence a alguém.

Leonard de bom grado me mostraria o cotidiano dos ruandeses: como as pessoas moram, o que comem, como dormem. São muitas aldeias pobres ao redor de Butare, não precisaríamos ir muito longe. Mas Leonard nunca me levará lá, porque não tem a quem visitar. Além dos irmãos no internato, não tem mais ninguém em lugar algum, não pertence a ninguém, um estranho em todos os lugares.

— Mas tenho uma família na universidade. — Está feliz com essa imitação ou apenas finge? — Tenho alguém para quem telefonar, quando não o vejo há mais de um dia. Quando um de nós fica doente, todos corremos para o hospital. Temos alguém para cuidar e isso é muito legal. Eu posso perguntar: como se sente? O que posso lhe trazer de bom? E posso correr até os pais atrás de apoio.

— Você não é pai? — brinco com Leonard. Mas é uma brincadeira sem graça.

— Eu sou filho — responde, com uma voz diferente. Mas é a voz dele: a voz fina de Leonard de quinze anos atrás. Leonard se encolhe como se diminuísse. — Eu sou uma criancinha.

As famílias de estudantes se encontram provavelmente todos os dias.

— Apenas quem sobreviveu me entende — diz Leo. — Ninguém mais.

Os estudantes contam o que aconteceu com eles desde o dia anterior, que problemas têm, pedem ajuda.

Todos devem saber tudo sobre todos. Puro comunismo, como os Pioneiros — os jovens escoteiros da ex-União Soviética — ou os *zetempowcy* — membros da antiga União da Juventude Polonesa comunista —, mas Leonard parece não se dar conta disso.

Depois do encontro com a família, volta para o dormitório e, pelo caminho, de novo fala *amakuru* mais trezentas vezes. No quarto, uma pequena mesa.

Quem chega primeiro, leva a melhor — tem um lugar confortável para estudar, o segundo senta numa cama, o terceiro na outra, o quarto felizmente se atrasa, então eles ainda têm como respirar. O primeiro lê alguma coisa, o segundo bate papo no celular, o terceiro escuta música, mas não tem fones de ouvido. Leonard afirma que não há inimizades entre eles, não existe nenhum problema maior. Aqui neste quarto são todos órfãos do genocídio, e isso os une. Embora nunca falem sobre isso. Quer dizer — não falam sobre si mesmos. Isto é — sobre si mesmos em 1994.

Apenas uma vez um deles falou. Aquele que dorme na cama com Leonard. Algumas noites ele sacode vigorosamente os braços, como se estivesse nadando como um sapo. Sacode, sacode e por fim dá um grito e pula da cama. Quando já está de pé ou tropeça em alguma coisa, abre os olhos todo suado. Os moradores do quarto observam toda a situação com compreensão, não precisam perguntar nada. Mas o colega sente que não está certo acordar os outros assim. Se acontecesse uma vez... mas acontece regularmente. Três vezes por mês? Cinco? Certamente quando o contato com Leonard é próximo demais, quando é difícil mexer a perna na cama, difícil se virar para o outro lado, quando está mais apertado que o normal. Ou quando está quente demais. Ou quando ao amanhecer está frio demais.

— Eles degolaram todos nós — finalmente ouviram. — Os vizinhos. Mamãe, papai, os irmãos também e as irmãs. Nós éramos dez. E ainda a vovó, a tia e seus filhos, todos os oito. Fiquei deitado embaixo deles acho que uma semana. Sem me mover, sem ar, sem água. Eu bebia o líquido que escorria deles.

É possível imaginar — e isso com certeza acontece — que um órfão sobrevivente esteja dormindo agora numa mesma cama com o filho do assassino. Ou ainda diferente: que o órfão sobrevivente esteja dormindo com o malfeitor. Porque, naquela primavera, aconteceu também de algumas centenas de crianças hútus (algumas certamente são hoje estudantes na universidade em Butare) correrem pelos campos cobertos com centenas de cadáveres tútsis ainda mornos e chamarem pelos pais: papai, esse ainda está conseguindo fungar, papai, aquele piscou o olho. E o papai vinha.

Hoje os estudantes de um grupo fazem cocô nas camas dos estudantes do outro grupo.

Mas cem anos atrás, antes da colonização de Ruanda, entre hútus, tútsis e twas não havia rixas, pelo menos não aquelas que merecessem ser lembradas. Quando era necessário lutar em nome do rei, todos lutavam juntos. Da mesma forma como viviam juntos. No aperto e próximos. A divisão não tinha importância, pelo menos não aquela importância — pensando na antiga Ruanda — que hoje lhe é atribuída.

Antes da colonização, Ruanda tinha fama de ser um país hostil. Os ruandeses eram considerados valentes e maus. Nunca deixaram que os invasores entrassem nas suas terras, defenderam-se contra o elemento árabe e a exportação de escravos. Mas eles eram invasores. Matavam cruelmente os vizinhos de forma massiva. Sobretudo os homens, porque as mulheres eram agregadas a Banyarwanda.

Cem anos antes do genocídio, o primeiro homem branco pôs os pés na terra ruandesa. Mas para a história passou o nome do segundo, que chegou aqui dois anos mais tarde. Era um alemão e se chamava Gustav Adolf von Götzen. Ruanda, por uma decisão do mundo civilizado, já era então uma colônia alemã. O alemão se encontrou com o filho do rei e anotou, surpreso, que viu um homem alto e de traços delicados. Não um macaco, não um negro, apenas um lindo príncipe.

Alguém que é alto e lindo não pode ser preto. As observações do branco — como julgam alguns na Ruanda de hoje — foram o início daquilo que era inimaginável. Foram a semente do racismo.[5]

[5] Esse modo de pensar demonstra muito bem o que, nos anos 1930, o viajante polonês Kazimierz Nowak escreveu sobre Ruanda: «Os governantes e as pessoas nobres são watussis, provenientes da antiga Abissínia. A pele dos watussis, na tonalidade do tijolo, lembra os egípcios da Antiguidade. Os traços do rosto apresentam muito pouco em comum com a raça negra — olhos de olhar altivo, nariz aquilino, boca graciosa e lábios finos. O perfil, principalmente a linha da nuca, lembra as cabeças dos faraós. A altura elevada e a graciosa distinção dos movimentos nos levam a afirmar que são descendentes de uma nação de alta cultura, que o destino da história jogou nas encostas eternamente verde-esmeralda das montanhas de Ruanda, onde subjugaram as tribos nativas dos bahutus e batwas e tomaram o país. As tribos derrotadas não tiveram nenhum direito ou privilégio, todos os castigos por desobediência eram cruéis. Com o tempo, o nível da sua civilização foi decaindo, brutalizaram-se em meio às montanhas selvagens e seus habitantes. Restaram apenas os movimentos altivos e a vontade de dominar. Os bahutus são negros congoleses que pertencem à raça banto, que constitui o grupo mais numeroso de habitantes da África Central e Ocidental. Seus olhos parecem com os de um chimpanzé, o nariz achatado é praticamente invisível no perfil. Os pés e as mãos são desproporcionalmente grandes, o cabelo pixaim com tufos crescendo na cabeça e em todo o corpo. A musculatura do corpo é estupenda, causando admiração. Os batwas pertencem, por sua vez, à raça dos pigmeus. Vivem, como todos os anões, na floresta virgem, e se dedicam exclusivamente à caça. Não são 100% anões, porque os batwas misturaram-se com a raça bahutu, e, em consequência, sua altura é mais para média» (*Rowerem i pieszo przez Czarny Ląd* [De bicicleta e a pé pelo continente negro], p. 1).

Em resumo, depois aconteceu assim: atrás do sr. Götzen, imediatamente chegou a Ruanda, proveniente da Europa, a Igreja católica (a ordem dos Padres Brancos). Os missionários introduziram em Ruanda as escrituras. Ensinaram as pessoas a cultivar os campos, com cereais, batatas, café e chá. Construíram não apenas igrejas, mas também hospitais, postos de saúde e escolas. Formaram carpinteiros, marceneiros, oleiros, pedreiros e cavouqueiros. E também costureiras. Depois veio a Primeira Guerra Mundial e Ruanda passou para o domínio dos belgas. Após uma curta avaliação da situação, os belgas perceberam aquilo pelo que Ruanda pagaria com o apocalipse algumas dezenas de anos depois. Afirmaram que em sua pequena colônia habitavam três grupos étnicos: os pigmeus twa, pouco numerosos e que não constituíam nenhum problema; os hútus, os verdadeiros e vigorosos homens negros; e os senhores tútsis, inteligentes, delicados, belos, não totalmente brancos, mas também não totalmente negros. É preciso colocar-se no lugar dos jovens príncipes ruandeses (eram os anos 1920). Ouviram que — ao contrário dos seus vizinhos — não eram macacos e, rapidamente, morderam o anzol: pertencemos a uma raça melhor do que aqueles a quem governamos.

Assim surge a palavra raça.

O colonizador belga completou esse trabalho no início dos anos 1930, quando introduziu os documentos de identidade em Ruanda. Esse fato é considerado o momento da divisão definitiva. Desde aquela época, até o genocídio no ano de 1994, todos os ruandeses tinham sua raça inscrita na carteira de identidade: tútsi, hútu ou twa.

Em 1994, no dia seguinte à derrubada do avião presidencial, na madrugada de 7 de abril, em Kigali, bloquearam os cruzamentos. Construíram barricadas. Todo aquele que quisesse passar a pé ou motorizado era submetido ao controle. Os controladores eram da Interhamwe. Quem tivesse a identificação certa podia passar. Quem não tivesse — esse era logo golpeado com o facão. Ao longo de dois dias, as ruas da cidade foram cobertas com centenas de corpos. Estava quente, os cadáveres apodreciam e os cães os comiam.

E hoje, quinze anos após o ocorrido, no ônibus, pode-se repousar a cabeça no ombro de um desconhecido e cochilar tranquilamente. Ninguém protesta, ninguém se admira. Proximidade ao modo ruandês: quem sabe se o assassino não põe a cabeça no ombro da vítima, por acaso não degolada? Penso nisso muitas vezes, quando vejo com que confiança as pessoas aqui permitem isso. Talvez também ocorra o contrário: por exemplo, Leonard cochila no ombro do assassino de seu pai. A própria cabeça cai de lado, quando o ônibus lotado de pessoas no limite do possível corre pelas serpentinas locais (as principais estradas em Ruanda são asfaltadas). Muitos micro-ônibus e ônibus maiores. Vão um atrás do outro, em todas as direções possíveis. Quantas pessoas têm um assunto para resolver longe de casa? Quantas compram passagem (as passagens não são caras) e entram no ônibus? Um milhão a cada dia? Um milhão e meio, talvez 2 milhões? Na estação rodoviária em Kigali, a cada instante chega um ônibus e de cada um transbordam algumas dezenas de pessoas. E a cada instante outro sai. A rodoviária é como uma colmeia de abelhas. Essa comparação é verídica não apenas por causa do número (ou melhor, da quantidade incontável) de passageiros, mas também por causa das ruelas estreitas e curtas que penetram entre os prédios de dois andares com suas lojas miseráveis na parte de baixo. Quase não são ruelas, mas acessos estreitos ou até portões, que levam a pátios apertados. Os pátios são cheios de passageiros e comerciantes com as muambas presas no cinto. Tudo isso entre veículos soltando fumaça, que com precisão e sem parar manobram entre as paredes dos prédios e outros ônibus. Cada um desses pátios cumpre a função de plataforma de embarque e desembarque, embora de maneira alguma possam ser comparados com uma delas.

Gosto de subir pelas escadarias estreitas para o andar de cima da casa da esquina, pedir uma cerveja Mutzig e observar do pequeno terraço o que acontece na rodoviária metropolitana: todos se conhecem. *Amakuru* — como vai, como está a filha, como está a tia, como está passando o tio? Isso para uma pessoa. O que você comprou, de onde está vindo, como você está bem! Isso para o seguinte. E logo para a próxima: oi, querida, como vai? Eu vou bem, e você? Todos se cumprimentam, apertam as mãos, acenam na despedida.

A rodoviária em Kigali certamente logo desaparecerá, pelo menos nesses moldes. O presidente do país tem um projeto: quer transformar a capital numa cidade moderna. Todos os bairros estão desaparecendo sob a força das escavadeiras, estão sendo construídos os primeiros arranha-céus. Até aqui, no meio da rodoviária, um deles está crescendo. Por enquanto, a rodoviária em Kigali funciona perfeitamente. Num país onde ninguém que tem um encontro marcado chega na hora, os ônibus partem sem atrasar mais de um minuto. Mesmo quando alguém precisa faxiná-los. E com frequência isso é necessário: nem todo aparelho digestivo aguenta as sinuosas estradas montanhosas. Falando honestamente — e eu passo muitas horas nos ônibus locais —, uma vez a cada dois percursos alguém põe para fora o que comeu. E sempre que eu sinto o cheiro azedo das entranhas humanas, penso na proximidade entre a vítima e o assassino. O ônibus corre, balança nas voltas e curvas, todos têm pressa, não passa pela cabeça de ninguém, quando o conteúdo já vem chegando lá na garganta, gritar ao motorista que pare. Não há saída. Todos estão próximos, todos em permanente contato, corpo contra corpo, como num abraço incestuoso, ligados para sempre, a mesma semente, o mesmo sangue, os mesmos vômitos. A proximidade das vítimas com os carrascos é a proximidade da morte.

— Você vai com a gente para Kicukiro? — O chefe da Associação dos Estudantes Sobreviventes está organizando uma excursão para a cerimônia de aniversário. Todo ano, em abril, Ruanda comemora o luto. As pessoas dizem que, então, sentem angústia, medo e tensão. Ou abafamento: não há como respirar, está mais apertado que de costume, falta espaço para viver, intensifica-se a proximidade da morte. É um período (oficialmente, uma semana) em que se pode falar sobre tudo o que aconteceu em alta voz. Pode-se pronunciar a palavra tútsi sem nenhum medo. Mas a outra — hútu — provavelmente ainda não. Painéis lilases (de longe parecem com as propagandas do chocolate Milka) e faixas podem ser vistos em todos os cruzamentos. Eles se lembram de mais um aniversário do genocídio dos tútsis. Sem especificar quem foi seu perpetrador. É correto. Seria uma simplificação primitiva e prejudicial: pois, embora possamos dizer que em 1994 o alvo do genocídio fossem todos os tútsis, isso não quer dizer que todos os hútus eram genocidas.

Apenas podemos dizer isto: o genocídio foi perpetrado em nome de todos os hútus.

Todo ano, no dia 7 de abril, no aniversário dos primeiros homicídios, o país para: as repartições públicas e as lojas não funcionam, os *cabaret* ficam fechados. Quem não comprou água mineral no dia anterior vai fritar no calorão e pedir a Deus que o presidente faça um discurso curto. As comemorações oficiais com a participação das mais altas autoridades do país realizam-se a cada ano num lugar diferente. Quinze anos após o genocídio — em Kicukiro, nas cercanias de Kigali, no lugar do martírio de muitos milhares de pessoas. Um ano depois — no estádio metropolitano Amahoro. E aqui também mataram. Em 1994, mataram em todos os lugares: não há em Ruanda uma escola, um ambulatório, uma repartição pública, não há uma estrada, um beco ou uma esquina onde do pescoço de alguém não tenha jorrado sangue.

— Eu vou — digo, agradecido, ao chefe dos estudantes sobreviventes. Alguns dias antes, os missionários brancos me alertaram sobre a participação nas cerimônias de luto: eles não gostam de olhar para nós nessas ocasiões, eles nos culpam, melhor não ir lá e não provocar.

— Legal — alegra-se Leonard, e me manda chegar ao campus um pouquinho antes do amanhecer. O ônibus da universidade vai sair de Butare às seis da manhã. Chegaremos ao local em três horas.

É dia 7 de abril, o ônibus está cheio de órfãos. Em vez de sol — nuvens pesadas de chuva, árvores verdes frondosas na terra vermelha, buracos no asfalto, poças d'água, serpentinas, curvas, zigue-zagues, ninguém tomou o café da manhã, ninguém está vomitando, atravessamos a capital e chegamos ao local, uma fila apertada para o controle de segurança, revista das bolsas e bolsos, e, finalmente, a entrada atrás do terreno cercado. Aqui, ao lado dos túmulos de 5 mil assassinados, iniciam-se as cerimônias. Durarão várias horas. Leo é esperto, rapidamente agarra duas cadeiras de plástico. Sentamos. Cadeira junto de cadeira, braço junto de braço, corpo junto de corpo. Antes do discurso do presidente, aproxima-se do microfone uma mulher sobrevivente e dá seu testemunho.

Uma calma voz de mulher, não vemos quem está falando.

— Os soldados cercaram a casa. Saiam daí, suas baratas! Atiraram. Caí no chão. De dezenove pessoas, só minha irmã e eu respirávamos. Adormecia e despertava. Ficamos deitadas assim a metade do dia. Vieram os vizinhos.

Escutamos em silêncio. Alguns — na maioria homens — cobrem o rosto com as mãos. Os alto-falantes espalhados por entre as árvores carregam as palavras da mulher sobrevivente.

— Ficaram em pé se perguntando se nos matavam de vez. Brigavam sobre como fazer isso. Quer dizer, com o quê. Enxada, faca? — As mulheres pegavam os lenços, enxugavam os olhos. — Minha irmã estava ferida, eu, não. Saíram para pegar uma enxada.

As nuvens estão desaparecendo, o sol está brilhando e os alto-falantes não param de falar.

— Nos arrastamos para a latrina.

O que está acontecendo? Os homens — há muitos deles — se inclinam e põem as jaquetas na cabeça. Leonard, fazendo muito bem o papel de ponto para mim, diz:

— Em Ruanda, o homem não tem direito de chorar.

Do alto-falante:

— Veio o vizinho, abriu a latrina.

Subitamente nossa atenção é quebrada por um grito inumano, o último estertor de uma caça abatida. Uma mulher arqueja. As autoridades, cientes das experiências dos anos passados, organizaram uma legião de paramédicos prontos para ajudar em tais situações. Os paramédicos se aproximam correndo da mulher, pegam-na pelas pernas, pelos braços, levantam-na e se esforçam para levá-la na posição horizontal para algum lugar, ela grita mais alto, uiva, agita-se, sacode todos os membros, é como um animal ferido que não entende que as pessoas querem ajudar e está em pânico, em choque. A mulher, quase inconsciente, ainda geme, porque todo o seu corpo certamente sente a força daqueles homens que agora a seguram. Aquilo que aconteceu antes acaba de voltar. E não é uma recordação trágica. Isso, de modo algum, é uma recordação. É o tempo presente, isso continua: os assassinos acabaram de agarrar a vítima, pegaram-na pela perna esquerda, pela direita, suas partes estão despidas, a entrada está aberta, tudo está acontecendo diante dos olhos da multidão, todos estamos olhando descaradamente.

— Ele nos puxou para fora da latrina e levou para o campo vizinho — a voz do alto-falante funciona como um gatilho, um detonador, porque agora outra mulher geme. Os enfermeiros já correm para ela, seu grito paralisa toda a redondeza, os ganidos, os uivos do cão, o terror, não é a primeira vez que os homens lhe mostram sua força, pegam-na como a uma pena, perdida em gritos, em convulsões, cospe, tosse, contorce-se como na epilepsia, eles a seguram com força e não têm intenção de largar, decididos, eficientes, rápidos, levam-na para o ambulatório na tenda branca.

— O vizinho — o sussurro nos alto-falantes ainda é forte — nos enrolou numas esteiras de junco.

Agora um homem agita as mãos, cambaleia e já não sabe o que está acontecendo com ele. Quer dizer, sabe: alguém acaba de atacá-lo, abre a porta da latrina ou do quartinho (em Ruanda raramente alguém tem um armário), lá estava escondido e lá agora vê o facão. E ruge como um touro ferido. A multidão olha para o sofrimento masculino, para a aflição masculina. Eu olho para Leonard. Ele não cobre os olhos com as mãos, seus olhos não estão úmidos. Apenas engole a saliva. Sem um segundo de pausa, como se estivesse comendo aquela saliva.

— Aquilo me salvou — o sussurro nos alto-falantes enfraquece. — Mas não salvou minha irmã. Um instante depois entregou sua alma ao Senhor. Fiquei sozinha.

O presidente se aproxima do microfone, faz uma homenagem às vítimas e passa para a principal mensagem do seu discurso de hoje:

— Não é possível construir o futuro sobre o luto e a tristeza. E nem sobre o sentimento de culpa.

Leonard respeita e admira o presidente de Ruanda. Paul Kagameera era ainda uma criança quando junto com seus pais fugiu do país. Na época, na África, vários países declararam sua independência. E os tútsis, até aquele momento complacentes para com os colonizadores belgas, não escondiam mais seus objetivos: queremos a liberdade para Ruanda! Já!

Então a Bélgica, com a ajuda dos missionários brancos, deixou de apoiar seus favoritos. Permitiu a derrubada da monarquia (a morte do rei em 1959 até hoje permanece não esclarecida) e a tomada do governo pelos hútus. As primeiras colunas de refugiados começaram a deixar o país (ainda naquele mesmo ano, e por isso eles são chamados de *fifty-niners*). Pois imediatamente começaram os pogroms contra os tútsis. Eles ocorreriam, com poucos intervalos, até o apocalipse de

1994. Muitas pessoas foram mortas, muitas foram feitas prisioneiras, muitas foram exiladas. Somente nas terras férteis de Ruhengeri, no norte do país, foram eliminados dessa maneira milhares de tútsis.

Ruanda declarou sua independência em 1962. Os professores entraram nas salas de aula e começaram a lição assim:

— Tútsis, levantem-se! Olhem bem para eles — falaram para aqueles aos quais era permitido ficar sentados — e lembrem-se de como eles são.

Provavelmente, todos os que frequentaram a escola entre os anos 1960 e 1994 têm essa lembrança da infância. Provavelmente toda criança tútsi, quando voltava da escola, perguntava aos seus pais: o que tem de mal em ser um tútsi?

Outras ondas de refugiados deixaram o país. Milhares de tútsis. Ao longo de trinta anos, dezenas e centenas de milhares. Procuravam refúgio logo depois da fronteira: no Zaire (hoje a República Democrática do Congo), na Tanzânia, em Burundi e em Uganda.

Em 1973, os hútus brigaram entre si pelo poder. Seguiu-se um golpe de Estado, depois do qual Juvénal Habyarimana tornou-se o presidente e declarou que, no país, apenas seu partido poderia atuar, o único legítimo. O Partido Hútu.

Passou-se um quarto de século, quando os filhos dos refugiados *fifty-niners*, já adultos e fortes homens tútsis, juntaram-se à guerrilha ugandense. Lutaram em suas fileiras contra o regime de Milton Obote. Em Uganda, um ano após sua queda, criaram a Frente Patriótica Ruandesa (RPF — Rwandan Patriotic Front). Entre seus líderes estava o atual presidente de Ruanda, Paul Kagame.[6]

O objetivo era claro: retomar o país.

A ofensiva começou em outubro de 1990. Alguns meses mais tarde, o presidente Habyarimana, cumprindo seu mandato em Kigali, concordou com a criação de partidos de oposição, o que quebrava o monopólio político dos hútus. Isso aparentemente, porque ele continuava a controlar todas as Forças Armadas. As autoridades, com a ajuda da mídia e do clero, construíam uma atmosfera de medo em relação ao exército tútsi que

---

6   Em agosto de 2010, o presidente Paul Kagame foi escolhido para seu sétimo mandato (conseguiu 93% dos votos). Um pouco antes das eleições, a organização dos Repórteres sem Fronteiras apelou à União Europeia para que interrompesse o auxílio para Ruanda, por causa das repetidas prisões de jornalistas, do fechamento de jornais independentes e do bloqueio das páginas na internet que apresentavam conteúdos contrários ao governo. Os observadores internacionais notaram que, no período antecedente às eleições, alguns críticos do presidente — políticos e jornalistas — foram assassinados por perpetradores desconhecidos. As autoridades ruandesas declararam que não havia nenhuma evidência que possibilitasse ao menos sugerir que eles tivessem algo a ver com aqueles assassinatos.

se aproximava da capital. E também em relação àqueles que dentro do país esperavam por eles de braços abertos.

Iniciaram-se as prisões dos simpatizantes da RPF. Foi então que trancafiaram o pai do nosso Leonard. Bateram nele.

— E lhe deram arroz cru para comer — conta Leo. — Aqueles que ficaram na prisão com ele, depois fugiram para Burundi. E o pai também poderia ter nos levado para lá. Antes de tudo aquilo. Ele teria conseguido. E agora estaria orgulhoso de mim, que estou terminando a faculdade. Logo depois de receber o diploma, eu compraria alguma coisa cara para os meus pais. Eles iam ver que eu ganho dinheiro. Que eu sou um bom filho. Mas aconteceu de outra forma. O pai saiu para o *cabaret* em 12 de abril. O sol estava brilhando.

Mas os tútsis já vinham sendo espancados antes daquele 12 de abril. No *cabaret*, nas repartições públicas, nas estradas.

Alguém sempre era assassinado. Um aqui, outro ali.

Por fim, matavam uma porção de uma vez só, algumas dezenas.

Ao longo dos três anos anteriores ao apocalipse, foram exterminados milhares de tútsis com ajuda da polícia e das autoridades locais.

E então foi criada a milícia Interhamwe.

— Ele teria conseguido — repete Leonard. — Antes de tudo aquilo.

O exército aumentou de 5 mil para 40 mil soldados. Eles eram treinados por militares franceses[7] que enviavam armas para Kigali e instruíam o exército do governo sobre como se defender da frente tútsi atacante.

Vendo a determinação dos franceses, os comandantes da RPF detiveram a ofensiva. O país ficou dividido em duas partes. Temporariamente. Quanto a isso, nenhuma das partes tinha dúvidas.

---

7   Ryszard Kapuściński, em «Wykładzie o Ruandzie» [«Palestra sobre Ruanda»], afirma que, «enquanto a maioria das metrópoles europeias havia rompido radicalmente com sua herança colonial, esse não era o caso da França». Mas por que a França se engajou tão fortemente — política e militarmente — em Ruanda, se Ruanda nunca foi sua colônia? Kapuściński esclarece que, das épocas passadas, restou à França «um enorme contingente de homens bem treinados e ativos que haviam feito carreira na administração colonial, passando boa parte da vida (e que vida!) nas colônias e que, de volta à Europa, sentiam-se desconfortáveis — inúteis, desnecessários. Ao mesmo tempo, acreditavam profundamente que a França não era apenas um país europeu, mas também uma comunidade de todos os povos de língua e cultura francesa, ou seja, que a França era também um território cultural, linguístico e global: *Francophonie*. Traduzindo essa filosofia para a linguagem simplificada da geopolítica, pode-se dizer que, se alguém atacasse um país de língua francesa, teria atacado a própria França […]. Foi o que aconteceu. Quando Paris tomou conhecimento de que os anglófonos tútsis, deixando a anglófona Uganda, tinham invadido o território francófono de Ruanda, considerou ameaçadas as fronteiras da *Francophonie*» (Kapuściński, op. cit., pp. 197-9).

Qualquer hútu encontrado hoje em dia em Ruanda, se conseguirmos obter sua confiança, vai nos contar sobre os crimes perpetrados, naquela época e depois, nos terrenos ocupados pela RPF. E sobre os hútus desaparecidos sem notícias, sobre os agressores desconhecidos, sobre as aldeias incendiadas e sobre a execução da população civil. Mas, se for perguntado sobre algo concreto — Onde? Quando? Quantas vítimas? —, perturbado, vai se calar. Para que esse branco quer saber tanto? Está escrevendo um livro? Com que objetivo? Com que interesse? Quem o mandou? Quem está por trás dele? Quem permitiu que ele trabalhasse aqui, que perguntasse, que se intrometesse? A que tútsi ele está ligado? É melhor ficar quieto, é melhor não se expor. Porque Ruanda tem ouvidos.

Porque Ruanda é o país do medo. Assim como todo o continente. Só que em outros lugares, os africanos têm medo dos feitiços, dos poderes do mal e dos espíritos. Mas um homem ruandês tem medo de outro ser humano: de chantagem, de calúnia, de denúncia e de acusação — referente a participação no genocídio ou a uma conspiração contra o governo. Não importa se a acusação é falsa. O importante é que é difícil se livrar de tudo isso.

Quando aparece um branco em alguma casa, imediatamente chega correndo uma vizinha. Sem ser convidada. E escuta. E outro vizinho se senta logo no banco. Ninguém lhes pergunta por que vieram. Ninguém lhes pede para se retirarem. Sempre costumava ser assim por aqui: um visitante era uma diversão para as pessoas do lugar, todos queriam vê-lo de perto e tocá-lo. Todos tinham direito de ouvi-lo. Mas hoje não se trata só de uma atração. Hoje é melhor que os vizinhos saibam para que o convidado de longe veio aqui. Que ouçam o que ele pergunta e que resposta recebe. Que saibam tudo. O conhecimento é melhor que as suposições do vizinho: chegava um *muzungu*[8] e ele tinha de dar alguma coisa. Se dá, é porque tem. O que deu? Quanto deu? Na certa, não foi pouco. Deu em troca de quê? Por que deu para ele e não para mim? Essas especulações não são seguras. Elas fazem nascer a inveja, e, a partir dela, já se está a um passo da denúncia e da curiosidade das autoridades, da qual nunca resulta nada de bom.

Ou a um passo do envenenamento. Porque um ruandês também tem medo de veneno. Por isso, quando alguém aqui serve bebida para uma pessoa, primeiro ele mesmo toma um gole da garrafa cheia ou do copo. Faz isso aos olhos do que tem sede e só depois lhe dá de beber.[9] Ninguém confia em ninguém. Particularmente agora,

---

8   É assim que popularmente um branco é chamado.
9   Quando em abril de 2010 entrei no estádio Amahoro, em Kigali, na cerimônia de aniversário, o soldado que estava me revistando me mandou tirar da mochila a garrafa de água mineral, abri-la e tomar alguns goles. Somente depois me permitiu entrar com ela no estádio.

depois de 1994. Aqui não se responde diretamente às perguntas: aonde você vai? Lá. De onde você está vindo? De lá. A verdade geralmente não compensa. A mesma coisa se ensina às crianças em muitos lares: não fale demais, não fale com estranhos e tome cuidado com os conhecidos também. E lembre-se de que hútu mata. Ou tútsi mata. Isso depende da casa. Toda criança hútu sabe que quem governa o país hoje são os tútsis. E todos crescem com ansiedade e os pensamentos obsessivos dos seus pais: na nossa família existem aqueles que, naquela época, mataram. Será que alguém não vai querer procurar vingança? Será que alguns dos nossos não estão a serviço deles? Será que não estão delatando? Será que de noite as autoridades não vão esmurrar nossa porta? Por sua vez, os pequenos tútsis ouvem os medos de suas mães e seus pais: será que daqui a algum tempo os hútus não vão chegar ao poder? Aí, rapidinho finalizariam o genocídio, não cometeriam duas vezes o mesmo erro, não deixariam nenhum de nós sobreviver; quanto a isso, não há dúvidas. Então é bom que nosso presidente os mantenha com rédeas curtas, que favoreça os nossos, e somos nós que temos formação, que ocupamos os altos cargos, e os hútus — que eles trabalhem para nós. Só que é melhor não admitir esses pensamentos em voz alta. Porque o governo prega a ideia da igualdade e da reconciliação: não há tútsis, não há hútus.

Mas eles existem. E continua existindo uma divisão sangrenta. Feridas não cicatrizadas. E como poderiam cicatrizar? Sobre isso perguntam os hútus. Bem baixinho, porque, por uma conversa dessas, é possível acabar na prisão. Acabar — isso significa nunca mais voltar de lá. Muitos temem isso. Muitos perguntam: como falar sobre o que aconteceu, já que só os tútsis têm direito de comentar a verdade em voz alta? E nós temos de manter o bico calado. A um se permite chorar publicamente os familiares assassinados, e ao outro não é permitido nem derramar uma lágrima pelos seus.

Por isso, dificilmente se ouve falar aqui sobre os crimes contra a população hútu, embora tenham ocorrido. Por isso são insuficientemente documentados.[10]

---

10   Marek Pawełczak, historiador estudioso da África Oriental dos séculos XIX e XX, no ensaio «Konflikty w rejonie Afrykańskich Wielkich Jezior» 1959-2000 [Conflitos na região dos Grandes Lagos Africanos 1959-2000], publicado em Piotr Ostaszewski (ed.), *Konflikty kolonialne i postkolonialne w Afryce i Azji 1869-2006* [Conflitos coloniais e pós-coloniais na África e Ásia 1869-2006], afirma que «a vingança realizada pelos vencedores custou a vida de cerca de 50 mil pessoas» (p. 735). Isso provavelmente deve significar que nesse número estão incluídos igualmente os mortos pela RPF no ano de 1994 e ao longo de alguns anos seguintes. Entretanto, em Ruanda, os hútus (e também os missionários brancos) falam em números significativamente maiores — até dez vezes mais. São conhecidos alguns assassinatos em massa perpetrados pelo exército governamental tútsi, como a morte de aproximadamente 20 mil hútus, no campo de refugiados, em Kibeho, em abril de 1995. Eu estive naquele lugar várias vezes. Existe lá um mausoléu memorativo das vítimas do genocídio de 1994 —

Mas basta atravessar hoje as cidades e aldeias do norte de Ruanda para verificar quão grande é o número de órfãos daquela época. Eles têm quase vinte anos e não sabem quem são. Não se lembram dos pais. Porque ou a aids os matou, ou a RPF. Morreram antes de abril de 1994, ou depois, quando as lutas ainda continuaram aqui por alguns anos.

Vamos repetir: no ano de 1993, depois de três anos de guerra, as autoridades em Kigali dobraram-se ante a pressão mundial e, na cidade de Arusha, na Tanzânia, chegaram a um acordo com a Frente Patriótica Ruandesa. Em Ruanda foi criado um governo provisório, que incluía os partidos de oposição. Num futuro próximo, a RPF também seria admitida no poder. Antes, tinha sido planejada sua integração ao exército do governo. O processo de paz seria supervisionado pelas forças da ONU.

Em Kigali, nem todos gostaram da condescendência do presidente em exercício. Alguns até murmuravam

os tútsis assassinados na igreja paroquial. Mas não há nenhum vestígio sobre os assassinatos de hútus nessa mesma aldeia, um ano depois. Da mesma forma, não há vestígios das dezenas de milhares de hútus que ao final do genocídio de 1994 (principalmente em junho) fugiram para o vizinho Congo. Entre eles havia muitos assassinos, que — nos campos de refugiados — se misturaram às multidões de pessoas inocentes. O exército tútsi vencedor foi atrás deles no Congo e obrigou-os a retornar para Ruanda, para que fossem julgados no país. Pelo caminho, milhares de pessoas foram assassinadas.

que o presidente Habyarimana os traíra. Mas talvez não, porque foi então — certamente com seu conhecimento e concordância — que se importaram da China os brilhantes facões. Em grandes baús de madeira. Seriam 581 mil.[11]

Então foram elaboradas as listas dos tútsis. E dos hútus suspeitos de não aprovarem a solução final. Os milicianos da Interhamwe foram treinados para segurar os facões e cortar as nucas. Começou a funcionar a Rádio das Mil Colinas (anos depois os sobreviventes a chamavam de Rádio Facão), que ininterruptamente potencializava o medo: as baratas estão vindo de Uganda! Estão vindo as cobras! Vão tomar nossa terra! Vão estuprar as mulheres! Eles vão acabar com a gente!

Na noite de 6 de abril, perto de Kigali, derrubaram a tiros o avião com o presidente Habyarimana a bordo. Até hoje não se sabe quem estava por trás do atentado, mas sabe-se como ele foi interpretado: os tútsis mataram nosso presidente!

O rádio anunciava o início do irreversível: cortem as árvores altas!

---

11   Esse número é dado por diversas fontes. Mas Linda Melvern, em *Conspiracy to murder*, escreve que seriam 581 mil quilos de facões.

2

Ande, sente aí, branquelo, você não vai se sujar. De qualquer modo, todos vocês estão sujos. Com nosso sangue. Olho para você e vejo aqueles traidores. Covardes. Abandonaram a gente. O que você quer de mim, cara? Ouvir a história que está dentro de mim? Parece que eu carrego ela no estômago. Há anos ele não digere ela. Por isso que continua doendo. Pesa. Uma pedra na barriga. Você vai ouvir, embora não esteja preparado para a minha conversa. Vou contar desde o começo. Naquela época, todos nós estávamos abandonados. Estou tossindo um pouco. Os pulmões doem, mas fazer o quê? Primeiro preciso oferecer alguma coisa pra você. Senão você vai voltar para as suas colinas e dizer que nas nossas moram só uns selvagens e que a gente só sabe fazer genocídio. O que posso lhe oferecer? Ontem eu fui à repartição para que dessem a ele dinheiro para a escola do ensino médio. Ele é grande. Logo vai fazer quinze anos. Perguntaram onde eu o arranjei. Eu falo a verdade. Então, um deles, um alto, magro, todo bem-vestido, me disse que eles não ajudam os que são Interhamwes.

Voltei da repartição para casa, e as vizinhas, aqui todas são hútus, sibilavam atrás de mim: lá vão os restos que a Interhamwe deixou. Os Interhamwes nos marcaram com o mal. Tenho que falar deles agora? Olhar mais uma vez para os olhos dos assassinos? Quero me esquecer deles. Não fique interrompendo. Você viajou meio mundo até aqui, então agora sente aí e escute. Você não vai entender muito. Como é que você poderia entender? Eu mesma não sei quem é o pai dele. Naquela vez, nosso *cabaret* estava cheio deles. Um deles lá me arrastou à força. Lá dentro — a Interhamwe. O chefe mandava neles. E atiçava o fogo para o ataque: mais forte, mais fundo, faça ela cuspir fora esse nariz empinado.

Ele pensava que eu estava desdenhando deles. Não é verdade, eu só estava morrendo.

Eu morava aqui. Agora tem uma casa nova no lugar. Aquela outra já não existe. Não existe mais nada daquela época. Eu era costureira. Eu frequentava os Pentecostais. Queria formar uma família. Ter marido e filhos. Como qualquer menina. Aquela menina não existe mais. Não tenho nenhum direito. Não sou mais uma adolescente. Não sou esposa. Nem viúva. Olhe pra mim. Pele seca. E ossos. Eu mesma não me suporto. Eu não existo. Não existe ninguém. Não existe nada. Só existe ele. Ele existe o tempo todo. Ó, trouxe fanta pra nós, beba.

Olho pra ele toda manhã e me arrependo. Que eu não tirei ele. Logo depois daquilo, muitas meninas no acampamento dos sobreviventes tiraram. E eu uma noite me decidi. Que ia fazer no dia seguinte. Mas escutei uma voz no sonho: você quer matar a criança? Quer ser como a Interhamwe?

Então eu desisti. E pari. A fé o salvou. Eu dei a ele o nome de Irakoze.[1] Era um recado para os meus assassinos: ele vive graças a Deus, e não graças a vocês.

Mas, como eu disse, agora me arrependo amargamente daquilo. Deus me enganou. Porque a vida não vence a morte.

Aquelas que não tiveram sonhos idiotas na noite antes do aborto puderam voltar a uma vida normal. Casar. Ter filhos que amam. Eu? Eu não gosto desse rapaz. Olho para ele e vejo aqueles outros. Não tem alívio. Porque ele está o tempo todo aqui. Como uma farpa. Um hútu na minha casa. Todos me reprovam por causa da existência dele, me reprovam porque eu o pari. Todos veem a assinatura dos assassinos. Por causa disso não vou a lugar nenhum. Ninguém me convida para um batizado. Nem para um casamento. Minha mãe começou a trabalhar agora no campo, temos um pouco de paz. Os filhos dela foram mortos por eles. E o marido. Só eu restei. E aquele rapaz. Ela fica repetindo para ele: você está vivo e os meus não. O seu pai matou os meus filhos!

---

1   Irakoze — Foi Deus quem fez, que seja adorado. Outros nomes, que anotei em Ruanda, de crianças nascidas de estupros são, por exemplo: Glória a Deus, Deus lhe Pague, Amada Apesar de Tudo e Determinação.

E eu toda hora falo assim para ele: eu não desejei você no mundo.

Eu quero que ele morra. Espere, vou pegar os comprimidos, porque minha fanta já está acabando. Ele não pergunta sobre o pai. De pronto eu ensinei a ele a não perguntar. Ele tinha dois anos quando pela primeira vez ele falou: papai. Dei-lhe um tapa na cara sem nem pensar e faz efeito até hoje.

Se eu o matasse agora, iria para a prisão. Talvez lá eu achasse paz. O que você acha disso, homem branco?

Volte amanhã. Vou lhe contar sobre os processos.

Passei ao lado de muitos corpos quando, logo depois daquilo, voltei da França. Em Paris, estudei psicologia. Quando agora eu penso em corpo, imediatamente me dói o pé, que mais de uma vez eu enfiei sem querer num homem morto. Os mortos estavam por toda parte deitados nas estradas, nos caminhos e no gramado. Corpos gelados — testemunhas que clamavam. A decomposição deles durou até novembro.

A guerra e o genocídio mudam a relação com o corpo.

Nossa língua dá à mulher muitos nomes: aquela que dá a vida. Aquela que é promessa de vida. Promessa da beleza. Promessa do bem.

A alegria com o nascimento de uma menininha é acompanhada de tristeza, por ser uma dádiva passageira. Porque no futuro irá para outra família. É preciso, então, investir em alguém que vai nos deixar. Mas não tem saída, porque a filha será a embaixatriz da sua família numa outra família. Sua representante. A menina é criada, então, com muito cuidado, sempre em meio a mulheres. Vai aprender artesanato, porque, até há pouco tempo, avaliávamos também a beleza de uma mulher pela beleza dos objetos que sabia produzir. Se os pais são lavradores, a adolescente ajuda a mãe na ordenha das vacas, na feitura da manteiga e no cozimento do feijão. Também na faxina, porque a manutenção da casa limpa também compete às mulheres.

Mas os animais são cuidados pelos meninos. Assim eles aprendem a ser responsáveis. O filho aprende com o pai que ele só poderá viver daquilo que ele próprio construir. O homem tem de dar segurança à família, tem de proteger o lar. Particularmente suas filhas.

A mulher jovem é delicada, pode-se avariá-la com facilidade e irreversivelmente. Os familiares cuidam para que ela não faça amizade com uma pessoa inapropriada e não engravide.

Quando a menina é entregue em casamento, é preciso receber alguma coisa em troca. A família do noivo deve dar uma vaca. Pois só uma vaca pode preencher a falta da filha. Mas não se trata de um pagamento, é mais um agradecimento. Sempre deve haver a vaca. Mesmo quando o casamento se realiza na cidade, a vaca é trazida para a cerimônia. Ou pelo menos dizem que a vaca está em algum lugar perto dali, embora ela realmente não esteja. Obrigatoriamente. Pois, se não tivesse uma vaca, então as crianças nascidas desse casamento não poderiam morar com os pais, teriam de morar com os pais da noiva.

A jovem esposa é observada com atenção por sua nova família. Como se ela fosse uma espiã da família da qual veio. A mulher em Ruanda é, então, uma causa constante de intranquilidade e suspeita.

Como pároco de aldeia, vejo diariamente como o corpo da mulher ruandesa é martirizado. De manhã até a noite, a mulher trabalha em casa e no campo. O tempo todo carrega o filho nas costas. Carrega o mais novo, mas tem ainda oito maiores ou até uma dúzia. Os mais velhos cuidam dos mais novos que já andam. Por isso, muitas pessoas em Ruanda não experimentam a proximidade materna. Nem o carinho. As mães não têm nem força nem tempo para isso. Porque os pais — é o que mais acontece por aqui — sentam-se com os amigos na frente do *cabaret* e bebem *urwagwa*. Isso é evidente: durante o dia está cheio de homens na estrada, ficam rindo, gesticulando, sempre têm alguma coisa importante para comentar. Lá não há mulheres. Pois durante o dia as mulheres trabalham. Mesmo que o marido às vezes encontre um trabalho ocasional e ganhe algumas centenas de francos, nem assim ele os dará à mulher. É mais provável que ele compre para si mesmo uma Primus. Dinheiro dele — cerveja dele. A mulher normalmente não reclama disso. E, afinal, ele iria escutá-la? Normalmente não conversa muito com ela. A esposa em Ruanda é para o trabalho. E para o sexo. E também para apanhar, porque a violência doméstica aqui é imensa.

O marido pode trair a mulher. Isso é consentido. Pode dormir com quem quiser. Mas a mulher deve ser fiel. Mas não só ao marido. Os irmãos do marido, o pai do marido e os irmãos do pai dele também têm direito a ela. Assim era em Ruanda e às vezes continua sendo. Particularmente se o marido desaparecer em algum lugar ou for morto. E isso não é raro por aqui. Quem mais sofre é a viúva pela qual o marido não deu uma vaca, quando era hora de dar. Ou seja, no casamento. Essa esposa foi dada a crédito. Ele não conseguiu pagar por ela e desapareceu em algum lugar. Se não pagaram por ela, significa que não é de ninguém. Qualquer um tem direito a ela, qualquer um pode pegá-la para si.

Da mesma forma, no campo, depois de escurecer, qualquer um pode pegar uma menina que encontrar no caminho. Então, as mulheres jovens não costumam passear à noite sozinhas. Pois há a ameaça de estupro, e o estupro aqui não é punido. Uma menina estuprada antes do casamento não vale nem uma vaca.

Nós, mulheres em Ruanda, como eu disse antes, somos um motivo constante de intranquilidade e suspeita. E de desejo, como em todos os lugares do mundo. Você quer dizer a uma mulher que ela tem os olhos lindos? Diga-lhe que ela tem olhos de bezerra.

Antigamente os homens hútus olhavam com desejo para as mulheres tútsis. Diziam entre si que elas tinham um gosto diferente. Muitos homens instruídos se casavam com elas para mostrar aos outros que eram merecedores daquilo. Mas, para a maioria, uma mulher tútsi não era acessível. E eles só podiam sonhar com seu corpo. Até abril de 1994, quando tudo se tornou permitido.

A rádio conclamava os homens: saboreiem aquilo que por tanto tempo lhes negaram, peguem-nas, são suas.

Dia após dia o corpo deixou de valer alguma coisa.

Imaginemos um corpo estuprado por dezenas de homens com facões nas mãos. Nesse trapo humano o sangue ainda pulsa, gruda nos tocos. Porque deceparam as mãos que tentavam proteger o ventre. O que essa mulher, se por milagre sobreviveu, pensa do seu corpo? Que graças a ele os assassinos não a mataram de vez. Que a vagina a salvou, que somente graças à vagina está viva. É um objeto. Um balde para esperma.

Que relação tem com seu próprio corpo aquele que conseguiu dezenas de mulheres à força, e não pelo seu charme? Foi reduzido a um pequeno dente na engrenagem do genocídio. Usava seus corpos coletivamente com outros homens. Dividia-os com eles, maltratava-os, destruía-os. Por vezes sua mulher estava olhando. E outras mulheres hútus. Raivosas de ódio, empurravam seus maridos para crimes cada vez maiores.

As crianças também assistiam. Conheço um homem que tinha então doze anos. Ele se escondeu nas moitas e viu o estupro coletivo de uma mulher mais velha. Seu corpo nu foi abandonado a poucos metros dele. Estava olhando para ele quando apareceu uma vizinha hútu. Ficou de pé junto ao corpo conhecido. Tirou o chinelo de plástico e com o pé descalço pisoteou a vagina da morta. E então repetia com desdém: uma mulher tútsi é isso, é só isso.

Será que uma testemunha daquele acontecimento, algum dia, vai se aproximar de uma mulher? De um outro corpo?

Os filhos dos assassinos também assistiam aos estupros. O que é um corpo para eles agora? Ninguém aqui faz essa pergunta, ninguém aqui pesquisa sobre isso.

Mudança da relação com o corpo — nós não falamos sobre isso aqui em Ruanda. Pois seria preciso ainda dizer que o genocídio empurrou muitas pessoas para a miséria. E seus corpos. Aqueles que sobreviveram, mas também os algozes. Muitas famílias passam fome, e é preciso se socorrer de alguma maneira. As filhas se vendem, muitas vezes perto de casa. Seus pais, se existem, agora abaixam os olhos e tapam os ouvidos. Graças ao genocídio isso não é muito difícil de acontecer: naquela época, em Ruanda, faziam sexo em toda parte, de qualquer jeito, em qualquer lugar. Depois também nos grandes campos para refugiados hútus, que foram erguidos ao redor do país. O corpo se tornou uma mercadoria, cada vez mais defeituosa. Carne cada vez mais deteriorada, fétida.

Em Ruanda não falamos sobre o corpo. Porque seria preciso falar igualmente sobre os homens que lutaram nas fileiras da RPF. Livraram-nos do genocídio, mas antes tinham de roubar. Para comer, tão famintos estavam. Comiam qualquer coisa e a diarreia os atormentava. Alguns, quando assaltavam as casas, não eram anjos. Depois eram comidos por piolhos. Dizem que alguns perderam todos os pelos do corpo. Agora se sentem nus. Casaram-se com moças sobreviventes. Elas viam neles seus salvadores, contavam com a felicidade junto deles. Mas aconteceu que o corpo não lhes dá nenhuma alegria. Nem às esposas, nem aos maridos. As mulheres são frias e os homens não têm ereção. Procuram socorro nos comprimidos. Em Ruanda, Viagra vende que nem água. Conheço um soldado, vistoso e bonito, bonito como costuma ser um ruandês. Casou-se com uma sobrevivente. O Viagra não ajudava ou eles não tinham dinheiro. Então era brutal, batia na esposa, gritava: você não pode ser minha, não pode me dar prazer, porque já deu prazer para os homens da Interhamwe.[2]

O exército no qual lutou exilou os assassinos de Ruanda, mas ele os manteve na cabeça. E pôs a Interhamwe no corpo da sua mulher.

Em Ruanda o corpo é sujo.

Eu trabalhava na traumatologia do hospital em Rwamagana. Nós, as enfermeiras, ficávamos sozinhas, sem médicos. Os assassinos precisavam de nós, porque eles também tinham pequenas escoriações. Anunciavam que também iam acabar com a gente, quando chegasse a hora. Nós ajudávamos todos, sem exceção. Porque só não dá para ajudar os cadáveres. Aqueles que não estavam totalmente mortos vinham atrás de socorro e abrigo. Ou eram trazidos. Furtivamente. Na maioria das vezes com cortes profundos na nuca. Havia também cortes na cabeça. Cortes nas extremidades. E também nos aparelhos

---

2 As pesquisadoras da violência contra as mulheres em Ruanda, Anne-Marie de Brouwer e Sandra Ka Hon Chu, informam (no trabalho *The men who killed me* [Os homens que me mataram]) que até 31% das sobreviventes voltaram a ser maltratadas fisicamente após o genocídio, geralmente pelo próprio parceiro ou marido, e até 13% sofreram violência sexual novamente.

reprodutores femininos: esfaqueados, cortados, esmagados, dilacerados. Mas eu não fazia curativos nessas pacientes. Quem cuidava das mulheres estupradas era a enfermaria de obstetrícia.

Voltei para casa em agosto com minha filha, quatro meses depois que tudo acabou. A vizinha me mostrou o túmulo do meu marido. A vala onde jogaram o corpo. Eles o mataram no bloqueio, logo no começo, não longe daqui. Veio outra vizinha e disse: venha cá, a mão do seu filho está para fora da terra.

Eles me estupraram de todo jeito. Aqui em casa. Mas eu me arrastei e saí pela porta para ver o que estava acontecendo com as crianças. O primeiro tinha vinte anos; o segundo, dez; a filha, seis. Deram um porrete grosso na mão do mais velho e mandaram que ele batesse no mais novo. Mandaram minha filha ficar olhando. E eu fiquei olhando. Meu filho não levantou o porrete para o irmão, baixou a cabeça e levou uma enxadada na nuca. Caiu em cima do mais novo. Meu segundo filhinho levou uma enxadada na testa. Não chorei. Não tive medo. Não sabia se era dia ou noite. Não sabia da minha filha. Era como se eu fosse de madeira.

Me levaram para a escola onde eu era professora. Lá, gritos como num matadouro: cem mulheres das redondezas. E centenas dos nossos vizinhos. As mulheres hútus tiravam as roupas das mulheres tútsis. As hútus queriam verificar aquilo pelo que seus maridos suspiravam. Comentavam gritando sobre nossa nudez. E entregavam aos seus maridos os corpos das vítimas preparados assim. E cuidavam diligentemente para que não morressem sem dor. Os corpos eram jogados nas latrinas da escola. Antes que chegasse minha vez, alguém gritou: lá vem a RPF!

Então estou viva.

E minha filha sobreviveu. Não faça perguntas sobre ela.

O assassino dos meus filhos já saiu da prisão. Mora três casas adiante. Todo dia me cumprimenta: *amakuru* — como vai?

Enterrei meu marido e meus filhos aqui, ó, embaixo da bananeira. Muitas pessoas enterraram assim seus mortos. Ao lado de casa, perto. Agora o governo está nos obrigando a desenterrá-los e entregá-los para o Centro da Memória. As pessoas são contra. Eu também não quero olhar para aqueles ossos, porque eu os pari.

Quando o ser humano é confrontado com a morte por muito tempo, ele fica no vestíbulo da morte. A morte habita dentro dele. Seu corpo se fecha. Separa-se do mundo. O corpo fica sozinho entre as pessoas. Perdeu os laços com as pessoas próximas, que primeiro foram transformadas em animais e depois assassinadas. Mas também com aqueles que conseguiram sobreviver, com a família, com os amigos. O corpo não quer contato.

Digo como todo psiquiatra:[3] os laços formam o ser humano. O ser humano alimenta-se da relação com outra pessoa. Mas não há alimento. Tudo o que era próximo foi aniquilado. Não há outro corpo no qual se possa apoiar. Não há quem abraçar. E ninguém vai me abraçar. Não se pode abraçar a si mesmo. Mas é preciso tentar fazer isso. Por isso, é justamente o corpo que ocupa nossa atenção quando converso com o paciente no consultório. Ou a paciente. A alma também, mas primeiro o corpo. As maiores expectativas formuladas estão endereçadas ao corpo. De que ele vai resistir. De que graças ao corpo vou escapar da morte psíquica.

Minha mãe morreu quando eu tinha cinco anos, então o genocídio me levou só o pai. Eles o mataram no terceiro dia, ou seja, no dia 10 de abril. E minha irmã está viva. Moramos juntas aqui, numa casa de taipa alugada. Não temos dinheiro para o aluguel.

Eu tinha vinte anos. Eles chegaram. Eles eram muitos, eu não conseguia contar. Militares. Primeiro pegaram

---

3   O médico com o qual estou conversando é um dos três psiquiatras de Ruanda. Por isso a maioria das pessoas que necessita de uma consulta psiquiátrica não pode obtê-la. Um grande número de terapeutas trabalha com os sobreviventes, mas esse número não é suficiente. No entanto, não são psicoterapeutas profissionais, mas na maioria das vezes enfermeiras ou assistentes sociais treinadas nessa disciplina — geralmente por europeus.

minha irmã. Fizeram o que tinham de fazer. Bateram nela. Chutaram. Com botas pesadas.

Chegaram outros. Me pegaram e em troca me deram a doença.

Pena que não me mataram.

Fico tonta com os comprimidos. Às vezes é difícil aguentar, então dou uma parada no tratamento. E fico me atormentando, se vou estar viva de manhã. Olhe só — meus braços parecem umas varinhas. Estou deteriorando, cheiro mal. Quase não tenho mais coxas, nádegas. Estão apodrecendo. Que bom! Eu odeio elas.

Ele gritava: me dá o buraco, sua puta!

Eu sou médica ginecologista, agora estou trabalhando no ministério. Sei bastante sobre o dano às nossas mulheres. Ainda antes de 1994, a propaganda racista nos via como diabos. Seus inimigos são os tútsis, mas seu maior inimigo é a mulher tútsi. As revistas patrocinadas pelo regime publicavam Os Dez Mandamentos dos Hútus. Quatro deles diziam respeito às mulheres tútsis. Um verdadeiro hútu não podia se casar com uma delas. A mulher tútsi numa casa hútu era uma espiã, a quinta-coluna. Quem se casar com ela é um inimigo. Então, quando começaram os assassinatos, a mulher tútsi era o primeiro alvo deles. Qualquer patife podia pegá-la. Ao contrário dos homens e das crianças, na maioria das vezes, eles não a matavam de uma vez. Tinha de morrer devagar, sofrendo.

As mulheres eram presas para ser estupradas tantas vezes quantas conseguissem suportar.[4]

Toda mulher tútsi adolescente era violentada. É esse o estereótipo que temos hoje em dia em Ruanda. Julgando pelas minhas pacientes, isso não é verdade. Acho que um terço não foi. Toda violentada carregava consigo um sentimento de culpa, amedrontada, delicada como vidro, todas elas precisavam do apoio de um psicólogo. No máximo, a metade delas recebeu. Todas as violentadas diziam que já não existiam mais, que já tinham morrido, que já não viviam. Suas almas sem vida ainda moravam em corpos vivos e aleijados. Todas tinham algum tipo de doença venérea. Oitenta por cento delas, HIV. Sessenta por cento das infectadas já morreram.[5]

---

[4] As fontes dão números diferentes para as mulheres estupradas em Ruanda entre abril e julho de 1994. Na maioria das vezes, estima-se que foram entre 350 mil e 500 mil mulheres.

[5] Anne-Marie de Brouwer e Sandra Ka Hon Chu informam (no trabalho *The men who killed me* [Os homens que me mataram]) que, entre os sobreviventes que na época do genocídio sofreram violência sexual, até 70% foram infectados com o vírus HIV. Hoje (2010), em Ruanda, há menos de 200 mil pessoas infectadas pelo HIV e confirmadas por teste com resultado positivo. Até há pouco tempo, metade daquelas que deveriam tomar remédios não os recebia. Hoje (2010) a situação melhorou significativamente: 80% das pessoas que necessitam de tratamento o conseguem. Como em todos os países

Mas muitas mulheres ainda vivem com o vírus. Algumas, até hoje, sem nenhum remédio. Já há tantos anos. Organismos fortes, jovens. Porque estupraram até meninas de dez anos. Assassinos infectados. Os comandos da morte. Diziam: você é linda, vai morrer devagar.

Eu trabalho na organização Avega,[6] sou enfermeira. Conheço muitas mulheres violentadas que até hoje não fizeram o teste. Elas têm medo. Não querem ouvir que o assassino ainda continua no corpo delas.

Você voltou? Estou deitada. Desculpe. Já vou levantar. Ontem, depois que você saiu, uma dor ficou me rasgando as entranhas. Como se alguma coisa estivesse devorando meu corpo. Lá de dentro. Meu corpo não é meu. Só a dor é minha. Acho que é assim que dói a dor pela vida perdida, o que você acha, homem branco?

Obrigada por não me perguntar sobre os detalhes. Você é corajoso. Chegou até as longínquas colinas, pessoas diferentes, pele diferente, comida diferente e quer compreender a gente. Então sente-se, eu vou falar. O rapaz vai cozinhar umas batatas para nós. Ontem eu fiquei zangada com

---

do mundo, existe um número sombrio de pessoas que estão infectadas e ainda não sabem disso.

6   Avega: organização não governamental que auxilia as viúvas e outras mulheres vítimas sobreviventes do genocídio de 1994.

ele. Talvez eu até ame ele. Mas é muito raro. Na maioria das vezes digo a ele que a única coisa que ganhei da vida foi ele. Nada mais. Espero que ele fique adulto logo. E vá embora. E que eu não precise mais olhar a carinha dele.

Eu ia falar sobre os processos, é mesmo. Alguém me contou que um dos meus assassinos ia ser solto. Fui até a repartição. Perguntei o que estavam aprontando. Disseram que era verdade. Que ia ter uma *gacaca*[7] sobre a soltura. Eles não me convocaram, os canalhas. Liguei na hora para a Avenga. Que isso não pode ser. Que eles têm que me ajudar. Me mandaram ir ao julgamento, mesmo sem convocação. Fui para o *cabaret*, porque o

---

[7] *Gacaca* significa «sentando no gramado». Em virtude da escala do genocídio de 1994, o judiciário ruandês não tinha condições de julgar todos os malfeitores. Por isso as autoridades criaram (2001) o tribunal *gacaca* — um sistema baseado na antiga tradição dos tribunais populares rurais, que resolviam as disputas entre vizinhos. Os julgamentos eram geralmente realizados a céu aberto. Os juízes não são juristas profissionais, mas apenas a inteligência local treinada nessa área de estudo. Os acusados não têm defensores, o que frequentemente levanta a questão da confiabilidade dos processos. O alcance dos crimes que podem ser julgados pela *gacaca* foi limitado: os principais perpetradores do genocídio ruandês estão sujeitos ao tribunal comum ou ao Tribunal Internacional para os assuntos de Ruanda, com sede em Arusha, na Tanzânia. As autoridades ruandesas estão convencidas de que esse é um passo importante para a reconciliação. Pois, quando um réu confessa sua culpa e pede perdão, recebe uma pena mais leve e a possibilidade de trabalhar em prol da sociedade.

julgamento seria lá, onde quinze anos atrás me estupraram. Ainda antes de começar o julgamento, os juízes estavam tendo uma prosa com meu assassino. Aqui todos me conhecem. Quando me viram, pularam para longe dele. Como se tivessem se queimado. Puseram aquelas faixas do serviço público. E começaram o circo. Todos da nossa colina vieram assistir mais uma vez. A minha desgraça. E aquele que me arrastou para o *cabaret*. E a mulher dele. Ela agora é diretora da escola onde meu rapaz estuda. E trouxeram o chefe da Interhamwe, aquele que atiçava os estupros. Os juízes se venderam. Eles provavelmente queriam que eu me juntasse a eles. Aqueles bostas. Eu estava furiosa. Mas precisava me conter. Para não acabar na prisão. Por ofensa. Falei bem alto que em 1994 tinham me tratado muito mal naquele lugar. E que aquele mal continua até hoje. Que tentaram falar de mim sem eu estar ali. O juiz se fingiu de surpreso. Adiou o processo por dez dias.

No dia seguinte, alguém veio e disse que, no *cabaret*, só falavam de mim. Que eu estava prejudicando a colina que, finalmente, queria voltar a ter uma vida normal. Que eu estava atrapalhando. O perdão nacional. E a reconciliação. Os caras se sentam na frente da cerveja e ficam matraqueando assim, como se eu fosse a culpada. Que foi lá que me estupraram. Que queriam me matar.

Fui até o secretário do município. Pedir ajuda. Ele ficou me acalmando, que eu estava imaginando coisas.

Pensei que tudo ia dar certo. Pensei que, como ele era um tútsi, ia me ajudar. Que nada, ele também é corrupto. Fui até o coordenador municipal da *gacaca*. Na porta passei pelo chefe da Interhamwe, você acredita? Chorei a noite toda. Liguei de novo para a Avega. Me deram um advogado. Nós escrevemos para a *gacaca* em nível nacional. Pleiteando a troca dos juízes. E consegui o que eu queria. Porque rapidinho trocaram toda a composição do tribunal. Meu assassino continua na perpétua. O chefe dele também. E também aquele que tinha me arrastado para o *cabaret*. Acabei com a paz da nossa colina. Então não se admire se aqui ninguém me convidar pra nada. Se ninguém me cumprimentar. Não me apertar a mão.

Na organização Avega, eu trabalho com uma tristeza que você não consegue compreender. Para quantas crianças eu já tive de falar sobre isso?! Elas não têm pais nem mães, mas têm aquilo. Foi isso que lhes restou depois que eles morreram. Acaricio a cabeça, aconchego: você precisa tomar o remédio, precisa comer bem.

A criança pergunta: de onde peguei isso?

Digo: do peito.

A mãe não aguentou esperar pelos remédios. O filho assistiu ao seu fim.

Agora pergunta: de onde peguei isso?

Ou: de onde eu sou?

As crianças têm as bochechas molhadas até quando dormem.

Tenho quinze anos. Queria ser padre. Um padre tem posição. Mas não vou ser. Porque tenho aids. Esses assim não são admitidos no seminário. Talvez eu seja médico. A medicina me agrada. Os médicos se diferenciam das outras pessoas. Quando eu tive espinhas com pus, só o médico não teve nojo de me tocar. E me deu remédios.

E gritam atrás do meu menino que ele é um Interhamwe. E perguntam o que a mãe dele é. Ele então se joga em cima dos colegas. De punhos fechados. Chega machucado. Sangrando. É um menino que não tem direito a erro. Quando faz alguma coisa errada, logo as pessoas comentam: mas também, o que se pode esperar dele, é um menino Interhamwe. E eu também chamo ele assim. Quando ele não faz a faxina. Quando ele esquece de trazer o feno para a vaca. Não sou uma boa mãe. Meu filho não tem mãe. Não tem pai. Meu filho é ninguém.

Antes de me pronunciar como ministro da Segurança, primeiramente, vou falar como um homem comum. Sobre meu vizinho. Sua família inteira foi degolada. Ele conseguiu fugir. A mulher dele também sobreviveu. Umas pessoas a esconderam. Não era um esconderijo seguro, apenas uma prisão sexual. Depois de tudo terminado, o marido voltou para ela. Ela estava grávida, trazia o filho do estuprador.

A família do algoz o visita agora na prisão. Quando vai lá, passa pela casa do filho dele. O filho está crescendo. Todo ano, no dia do seu aniversário, a mãe chora. E, quando é o aniversário dos filhos mais novos, ela não chora. Existem irmãs e irmãos mais novos, porque a mãe toda noite dorme com o marido. O rapaz cresceu e por muito tempo pensava que ele era seu pai. Ninguém lhe disse que não. Que é filho do algoz. Finalmente ficou sabendo disso na rua.

O rapaz aborda uma mulher na estrada. É sua tia, irmã do seu pai biológico. Sobre o que conversam? Isso o marido da mãe não escuta. Mas ele os vê, quando está voltando do trabalho. E ele perde a consciência na estrada. Seu corpo se recusa a viver.

Corpocídio. Sobre isso não se pode calar. Escreva, que todos leiam, que saibam. Mas, por que passados apenas alguns dias de conversa e depois de algumas páginas lidas do livro, começamos a pensar como os genocidas?

Pois quem é que você vê, quando olha para ela?

Uma mulher estuprada. Aquela que pariu um filho do estupro. Aquela que pegou uma doença do estuprador. E se ela fosse uma professora universitária? Ou a ministra dos assuntos das mulheres? A presidente do país? Quem então você veria nela primeiro? A professora inteligente? A senhora política sensata? Você vai dizer: aquela ruandesa estuprada é sensacional. Você não lhe dá uma chance de ser alguém diferente. Os algozes também envenenaram seus pensamentos: primeiro você vê sua desonra. Talvez você pense nisso sem desprezo e chame isso de injúria ou sofrimento. Mas é o sofrimento dela que você vê antes de tudo. E sempre será assim. Qualquer outra informação — o que faz, como pensa, quem é — será apenas um adendo a seu corpo estuprado. Onde quer que você more, você agora a está matando. Você está se defendendo? Você nega? E qual é seu primeiro pensamento a respeito do filho dela? Quem ele é?

Por que eu não digo pra ele: filho?
Eu digo: esse rapaz.
Mais raramente: meu menino.
Filho? Meu filho?

Apenas agora, tantos anos depois do genocídio, os estupradores estão indo para a *gacaca*.[8] Porque é a vítima quem tem de apresentar uma acusação. Apenas agora as

---

8   Até o presente (2010), apenas uma ínfima parte dos estupradores de 1994 foi julgada pela *gacaca*. Com base em muitas fontes, posso afirmar que não mais do que 10% deles foram levados ao tribunal.

violentadas amadureceram para falar. Nem todas conseguiram. Algumas morreram logo depois, outras um ano depois, dois anos depois, sete anos depois. A maioria por causa da aids ou por falta de vontade de viver. Os familiares podem apresentar a acusação em nome das falecidas.[9] Mas geralmente não há familiares.

Todas as infectadas sabiam o que as esperava, todas esperavam pela sua vez. A doença deformava seus corpos, elas tinham medo de sair de casa, magras, ulceradas, tossindo, tinham vergonha de se mostrar, não tinham forças para testemunhar, não viam sentido nisso. Mas, alguns anos atrás, começamos a tratar essas mulheres em Ruanda. Com o tempo, elas compreenderam que os medicamentos funcionavam. Que não era o fim, que é preciso viver. Então começaram a pensar em justiça.

O amadurecimento para os testemunhos geralmente dura alguns anos. Apenas agora estão prontas para ficar olho a olho com aqueles que lhes fizeram isso. Ou, pelo menos, assim lhes parece.

---

9   «No momento da morte e diante do fato da morte, 'a justiça' não vale de nada, então o fato de raramente ser feita não prejudica em quase nada. O que importa que, passados os anos, algumas pessoas aleguem que eu fui assassinada injustamente ou que fui assassinada justamente? Ou que não aleguem nada? O que me importa o julgamento dos outros quando estou morrendo?» (Jolanta Brach-Czaina, *Szczeliny istnienia* [Frestas da existência], p. 101).

Se ninguém intimidá-las antes, elas instauram o processo. É fácil intimidar uma mãe solitária e doente.

Elas comparecem ao tribunal na companhia de alguém que, em caso de fraqueza, possa lhes dar suporte. Elas veem o agressor e a voz desaparece. Elas ficam mudas. Suas antigas feridas ainda sangram. Quando fiz o treinamento como juiz, aprendi como agir nessas situações. Como o tribunal tem de se comportar?

Precisamos ser pacientes, não apressar, permitir que ela saia, que tome um pouco de ar. Às vezes é necessário deitá-la, porque cambaleia. Ao ver o agressor, perde o controle das pernas. Na sala ao lado, quase sempre há um colchonete preparado. Não podemos deitá-la no chão de terra ou no concreto, como eles a deitaram. Quando a pausa não dá resultado, posso decidir escutar os testemunhos da vítima sem a presença do réu.

Como devo interrogar uma mulher violentada de forma que não a fira pela segunda vez? Isso nos foi ensinado pelas pessoas do Ministério da Saúde e pelos especialistas da Europa. Eles disseram aos juízes da *gacaca*: vocês vão presenciar a abertura das feridas. É necessário abri-las em nome da justiça. Mas com cuidado, devagar, do modo mais delicado possível.

Repito: o mais importante é a paciência. Faço a pergunta e não recebo uma resposta. O silêncio não resolve o assunto, não é nenhuma prova. Preciso lembrar disso.

Que o fato de a vítima desmaiar não comprova a culpa do acusado. Preciso ser prudente.

Quando julgamos os perpetradores de assassinatos ou pilhagem, toda a colina participa do julgamento. O réu relata como foi e tem testemunhas para o que aconteceu. Então, alguém levanta e diz: não é verdade, foi diferente, e vocês estão de conluio para fugir da justiça. E complementa com detalhes: ele chegou e tinha uma arma e assim por diante. Posso fazer todas as perguntas, com quem estava, que arma tinha, como a estava segurando, como atacou. Posso perguntar sobre os mínimos detalhes. Para no fim descobrir a verdade.

A uma vítima de estupro não posso perguntar como o estuprador tirou as calças, como era a forma do pênis dele, se era circuncidado.

Os julgamentos de estupro transcorrem a portas fechadas. A pena pelo vazamento das informações sigilosas é de três anos de prisão. Lá dentro não ficam muitas pessoas. Há o tribunal e as partes. Escutamos as testemunhas, se houver testemunhas.

Em geral, o réu se surpreende ao ver a vítima, perde o chão. Ou porque não pode reconhecê-la ou porque está fingindo. Ou porque é a primeira vez que a vê depois do ocorrido e se admira de ela ter sobrevivido. A admiração é tão grande que não consegue escondê-la. Nem tenta. Que milagre é esse?! Pois se eu mesmo vi que ela estava deitada entre os cadáveres. Não pode ser ela! Levantou--se do túmulo!

Ou, ainda, age diferente: não se admira nem um pouco. Porque continuam morando no mesmo povoado, todo dia passam um pelo outro na estrada. Ele fica de pé diante de nós e não acredita que ela conseguiu coragem para aquilo. Que veio diante do tribunal e quer testemunhar. Ele estava certo de que, como se conhecem até bem demais, esse dia nunca chegaria.

O acusado sua, procura auxílio, exige a mudança de juízes. Porque os juízes o conhecem. É verdade, em Ruanda todos nós nos conhecemos. Depois ele se põe no papel de observador passivo do estupro: eu fiquei olhando, lamento que não a tenha ajudado.

Ainda não me aconteceu de um deles confessar o estupro. Ou de estar ciente da infecção. Nem de que uma mulher, diante do agressor, declarasse que tem um filho do estupro. Ela nunca vai dizer isso a ele.

Eu sou apenas um homem com formação em pedagogia, trabalho numa repartição do governo, onde respondo pela exportação de chá. E tenho de conduzir o julgamento, mesmo quando me cabem vinte réus de uma vez só. Pois todos eles estupraram de uma vez só.

Ela entra.

Reconhece o primeiro, mas para o segundo reconhecimento já não tem mais forças. Essas mulheres, maltratadas e degradadas por muitos dias e semanas, no fim deviam ter morrido. Todas. Sobreviveram por um descuido de alguém ou porque, nas redondezas, apareceram os soldados da RPF. Os assassinos precisavam fugir, faltou-lhes tempo para matar as escravas.

E nós agora precisamos nos apressar. Aquelas que ainda se calam têm medo de apresentar uma acusação. Porque os políticos nos dizem: é preciso se reconciliar, acabem logo com essas *gacaca*.

Precisamos trabalhar devagar. O estupro é um crime de primeira categoria, como o assassinato. As penas são altas. São os processos mais difíceis. Um algoz íntimo, detalhes íntimos, palavra contra palavra. Mas nós geralmente sabemos mais, porque o tribunal realiza uma entrevista na comunidade antes do processo. Conhecemos também outros crimes dos acusados, pelos quais já foram penalizados antes. Tudo se ajusta, fato com fato, detalhe com detalhe, e temos certeza: estuprou.

Mas às vezes o tribunal tem dúvidas.

Não tem condições de resolvê-las.

É preciso dar a sentença.

A vítima espera.

Seu corpo treme, dá para ver até de alguns metros.

A incerteza do tribunal é a vantagem do réu.

Proclamamos: não foi considerado culpado.

E se ele estuprou e nós deliberarmos: inocente?

Estaremos matando a violentada pela segunda vez.

Definitivamente.

Eu tinha vinte anos, cultivava a terra dos meus pais, perto de Kigali. Não era casado. Eu me casei logo depois daquilo, tive quatro filhos, dois já morreram. Minha esposa ainda teve mais dois, sem minha participação. Porque já estou preso há doze anos. Os dez primeiros, sem processo. No fim me levaram para a *gacaca*. Peguei vinte anos. Por fazer bloqueio, matar e estuprar.

Você passou por muitas montanhas para me escutar. Vou lhe dar então informações confiáveis. Eu não estuprei.

Armaram um bloqueio perto da minha casa. Senti que deveria ir lá e mostrar: estou do lado certo. Do lado do governo. Contra os tútsis. Éramos cinco irmãos e fomos os cinco controlar os passantes. A gente verificava a identidade das pessoas. Assim estávamos protegendo nossa mãe. Porque ela era tútsi. Ficava sentada quieta na chacrinha e não perguntava nada, aliás, nem tinha como. A gente ficava no bloqueio de manhã até de noite. Um dia, bebi mais do que deveria e na estrada para casa dei uma chegada nos vizinhos. Perguntei para uma lá se ela não queria passar um tempinho comigo. Peguei ela. E imagine que por causa disso fui julgado depois. E não foi nenhum estupro. Sexo normal, e só. Eu conhecia ela. É claro que conhecer uma moça não autoriza a fazer sexo, se não se tem o consentimento dela. E aí é que está o negócio, porque ela não protestou. E se ela tivesse protestado? Boa pergunta. É claro que eu teria machucado ela, sabe, eu estava bêbado, tinha um facão. Mas ela veio de boa vontade. Ela era hútu.[10] Quer dizer, ela é, porque está viva. E agora diz que é tútsi. A família inteira dela agora conta essa balela. Aí eu me pergunto, como eles sobreviveram aqui? No nosso bloqueio, ninguém foi degolado. Os vizinhos? Eu não vi nenhum ser assassinado. Eu só vi os corpos deles. Muitos corpos. E os cadáveres desciam o rio. Inchados. Dava até vontade de vomitar. Fiquei com problemas de estômago. Fui para o centro de saúde. Alguém gritou que precisávamos fugir porque a RPF estava vindo. Que iam nos cortar em pedaços, como se corta carne. Corri para o lado do Congo, como todos. Lá conheci minha mulher. Nós nos escondemos nas florestas por muitos meses. As crianças nasceram. Mas o exército tútsi veio atrás de nós. Quer dizer, para nos pegar. Não tinha saída, tinha de voltar para Ruanda. Para a prisão.[11]

---

10   Quando um réu diz que, durante o genocídio, fez sexo com uma mulher hútu, aquilo que na realidade ele quer dizer é que não cometeu um ato assim tão vergonhoso. Porque não era um crime de genocídio, apenas, no máximo, um estupro «comum», para o qual a lei prevê uma pena muito mais amena. Mas os crimes «comuns» estão sujeitos em Ruanda, como no mundo todo, ao tribunal comum. Na *gacaca* são julgados apenas os crimes do genocídio.

11   Conversei com esse condenado — e também com outros dois — na penitenciária de regime fechado de Kimironko, nos chamados locutórios, na parte mais externa do presídio.

Quanto mais o tempo passa, mais lugar dentro de mim aquela época me toma. E o assassino dentro de mim... cresce.

Não pude observar como era a vida na parte interna. Mas é sabido que as condições nas penitenciárias ruandesas, depois de 1994, eram inumanas em razão da superpopulação. No seu auge (1998), atrás das grades havia 130 mil pessoas. Em 2004, cerca de 90% dos prisioneiros eram réus (e muitas vezes não julgados) de participação no genocídio. Os detentos dormiam no chão de terra, nos telhados dos prédios, a céu aberto, nos banheiros e nos chuveiros, em tal aperto que um pisava sobre o outro. A pediculose, a tuberculose e muitas outras doenças, junto com a subnutrição e as fatais condições sanitárias, eram causa de inúmeras mortes. Morriam principalmente as pessoas mais velhas, mas não só elas. Na chocante monografia *Le Château. The lives of prisoners in Rwanda* [O Castelo. As vidas dos prisioneiros em Ruanda], Carina Tertsakian, a pesquisadora de casos de violação dos diretos humanos que reside permanentemente em Londres, escreve que, na penitenciária da localidade de Gitarama, entre setembro de 1994 e maio de 1995, morreram 13% dos acusados. No livro de Tertsakian, podemos ver uma foto da Penitenciária Central de Kigali. Vê-se uma multidão reunida no pátio do presídio, que pode ser comparada, por exemplo, com a multidão encontrada numa missa de Páscoa, numa igreja da Polônia. Imaginemos a vida em tal aperto e com tal proximidade durante muitos anos. Segundo a autora do livro, cada detento da penitenciária tinha à sua disposição quarenta centímetros quadrados de espaço. Além disso — como descreve Carina Tertsakian —, muitos prisioneiros eram torturados e os medicamentos lhes eram negados; por exemplo, o tratamento para os infectados pelo HIV (o que era justificado da seguinte maneira: se não havia dinheiro para medicamentos para as vítimas de 1994, então por que os perpetradores teriam de recebê-los?).

Eu era motorista, tinha esposa e seis filhos. Por causa do trabalho, muitas vezes dormia fora de casa, no galpão da minha empresa, não muito longe de Byumba. Era um tempo ruim. Os partidos de oposição se opunham ao governo. Além disso, a RPF veio do exterior e atacou a gente. Nós tínhamos medo. Por causa daquele medo, as pessoas começaram a se matar umas às outras. Então uma prima veio até mim. Chorando muito, porque tinham acabado de degolar o marido dela. Ele era tútsi, mas ela era hútu. Escondi ela comigo. Ela não comia nada e, durante alguns dias, só dormia. Ela não foi a única a procurar abrigo no galpão. Mas eles acharam todo mundo. E bateram na minha porta. Eu entreguei ela, porque o que é que eu podia fazer? Sei que logo depois ela morreu abusada.

Durante três dias eu violentei ela. Disseram que ela tinha falado isso, antes que entregasse a alma. Quem inventou isso exigiu dinheiro de mim. Eu não tinha dinheiro, então ele me denunciou e me prenderam. Mas só fizeram uma *gacaca* para mim depois de dez anos de prisão. Em quinze minutos ganhei trinta anos. Entrei com uma apelação três anos atrás, e, até hoje, não tenho uma resposta. Estou cumprindo pena sem culpa já há treze anos. Minha mulher envelheceu, não me visita. Nem meus filhos.

Nossa cidade se chama Rwamagana. Depois de 1994 — a capital das viúvas. Aqui todas as mulheres tútsis foram obrigadas a ter um corpo hútu dentro delas. Pelo menos um, mas geralmente alguns ou algumas dezenas. Fui estuprada brutalmente e por muito tempo. E meus filhos tinham de ficar olhando aquilo. Mas mesmo assim eles não passaram pelo pior. Porque alguns outros foram obrigados a segurar as pernas da mãe assim, para que o assassino tivesse um acesso mais fácil até ela. E esses não passaram pelo pior. Porque, na nossa cidade, aconteceu que adolescentes estupraram suas próprias mães por ordem dos assassinos. Eles degolavam o filho, quando ele estava penetrando o corpo daquela que lhe deu a vida.

Vou lhe contar como foi. A RPF atacou nosso país, mataram a população do norte e, por fim, derrubaram o avião com o presidente. E levaram a isso que você está vendo. Veja nossa prisão. Apertado, um homem do lado de outro, pode-se sufocar aqui. Mas somos bons uns com os outros, nenhuma violência, nenhuma força, paz. Todos estamos presos sem uma causa, inocentes. Inventaram todo esse genocídio. Acusaram a gente de um crime que não cometemos. Me acusaram de matar e estuprar. E no nosso bloqueio ninguém morreu. É verdade que tinha corpos em todos os lugares. Mas eu não vi matarem ninguém. E agora dizem que tem 1 milhão de mortos. Que besteira! Um milhão de cadáveres é coisa que não dá nem para imaginar. Ela? Ela era hútu.

Só agora que fica contando balelas, que é tútsi. Ficou maluca. Era ela que ficava me tentando. E eu não queria ela, porque era velha. Então ela se vingou. Exigiu dinheiro da minha mãe, porque senão ela ia denunciar o filho. E aí ela me acusou, aquela cadela, puta. Ganhei perpétua. Essa é a justiça em Ruanda.

Me salvaram da morte, mas ninguém me salvou do que veio depois. Mataram meu marido no segundo dia do genocídio. Nossa filha veio ao mundo dois meses depois, no esconderijo. Casei com o irmão mais velho do meu marido assassinado. Nós temos três filhos juntos. Ele trata bem a minha filhinha mais velha, que, afinal, é sangue dele também. A pequena é calma, introvertida, quieta. Foi marcada pelo tempo em que nasceu. Não fala com os outros. Para ela, as pessoas poderiam não existir. Minha filha não precisa das outras pessoas. Os professores me chamam na escola e todos nós estamos preocupados com seu comportamento exemplar.

Meu novo marido? Ele é bom para mim. Mas não é meu primeiro marido. A morte do outro continua presente para mim. De dia, quando trabalho na loja. E de noite, na cama. Quando não durmo, fico pensando que, se ele estivesse vivo, eu não teria tantos problemas. Quando eu durmo, ele está comigo e está tudo bem com a gente, e aí eles entram no quarto e seguram os facões nas mãos. Eu desperto de um pulo e ele não está lá. Está o irmão dele.

Alguns anos antes de 1994, os governantes nos disseram que precisávamos nos mobilizar para a luta com o inimigo. O inimigo foi bem definido: os tútsis. Então, quando em abril chegou a hora, vieram os soldados e nos disseram: nós vamos atirar e vocês vêm atrás de nós e completam o serviço.

Todos os homens queriam completar o serviço. Todos queriam limpar seu povoado dos insetos, das pragas. Nós acreditávamos que assim tinha de ser. Que estávamos agindo bem. Pegamos os facões. Aqueles que tinham de morrer, morreram. Também pela minha mão. Sete homens e uma mulher. Deixei os corpos lá, onde eu os matei. Ninguém tinha forças para enterrar eles, embora os governantes mandassem a gente fazer isso.

Não foi a RPF que me expulsou do povoado, mas o cheiro dos corpos. O fedor deles entrava pelos buracos do meu nariz. Começou a morar na minha cabeça. A gente não tinha como respirar aqui. Fui andando para o Congo.

Mas depois de algum tempo rechaçar a gente de lá. Voltei direto para a prisão de Ruanda. Para morrer. Porque estava convencido de que o novo governo iria se vingar dos nossos crimes. Todo dia eu esperava a execução. Passou um ano, depois dois, até que por fim nos disseram: não vamos fazer com vocês o que vocês fizeram com a gente.

Eu acreditei, mas os outros não. Alguns continuam pensando em como fugir daqui e se juntar aos outros hútus fora do país, que querem terminar o que começaram naquele mês de abril.

O governo afirmou que, se a gente dissesse a verdade e pedisse perdão, poderia contar com uma pena mais leve e uma penitenciária menos penosa.[12]

Eles me levaram para a minha colina. Lá eu tive de ficar na frente daqueles que conseguiram se salvar. Daqueles cujos familiares eu matei. Tive de apontar aqueles que me ajudaram a matar e que a justiça ainda não tinha pegado. Fui muitas vezes da prisão até minha colina. Pedi perdão.

---

12 Permitiram-me ver detalhadamente esse tipo de prisão no distrito de Kicukiro, em Kigali. É uma colônia penal numa floresta pouco densa, rodeada por uma cerca feita de varas. Ela é formada por tendas de lona. Lá dentro os beliches estão dispostos colados uns aos outros. Do lado de fora, um hidrante com água corrente. Os condenados, diferentemente daqueles que cumprem pena em penitenciárias de regime fechado, têm mais contato com o mundo exterior. Quando se transita por Ruanda, não raramente podemos ver grupos de pessoas trabalhando coletivamente no campo. São justamente os presos das colônias penais, que saíram para o trabalho. Cultivam a terra. Mas também cavam valas para obras hidráulicas ou elétricas ou constroem estradas.

Até que, por fim, diminuíram minha pena para quinze anos, descontaram o tempo em que tinha ficado preso e me transferiram para cá, onde é menos penoso.

Daqui a alguns meses eu saio. Aqui eles ensinam como devemos nos integrar com as pessoas na liberdade. Sei que devo viver de modo exemplar. Não invejar aqueles que têm mais do que eu. Trabalhar bem. Sei que no meu caminho podem aparecer pessoas que ainda querem terminar aquela matança. Sei que eu tenho de ser o primeiro a relatar isso para as autoridades.

Tenho mulher e quatro filhos. Eles sabem por que há tantos anos não estou em casa. Vou voltar e dizer a eles que nunca façam aquilo que eu fiz. Meus filhos não me conhecem, mas talvez estejam esperando pelo pai, o que você acha?

Matricídio, patricídio. Isso acontece nas famílias dos algozes. O algoz mata a mulher ou os filhos. Não é preciso ser psiquiatra em Ruanda para escutar isso. O criminoso sai da penitenciária e mata de novo. Geralmente com requintes de crueldade. É como uma máquina produtora de morte.

O algoz sofre. Mas podemos falar em trauma dos algozes? Em trauma dos seus filhos, com certeza. É difícil admitir para si mesmo: eu venho do corpo e do sangue daqueles que mataram. Aquele que para mim foi bom e cuidou de mim, a outros infligiu sofrimento e morte.

Isso faz nascer uma tensão na família, que — muitas vezes — leva a outro assassinato.

Porque o algoz sofre. Como psiquiatra, eu deveria me ater à sua dor. O que acontece no fundo da alma do algoz? Quem o levou a se atormentar assim? Quem o levou a infligir sofrimento aos outros? Pode-se dizer que foi manipulado pelos políticos. Mas podemos nos dar por satisfeitos com essa explicação?

O algoz sofre. Falar assim em Ruanda é uma perversão. Mas o algoz, sem dúvida, verga-se sob o peso da sua dor. Porque ele se ocupa apenas da sua dor. O algoz é egoísta. O sofrimento do outro não lhe diz respeito. Ele não deve nada a ninguém.

Os escravos negros no Senegal, antes de serem impelidos à força para o navio, cruzavam uma linha, a partir da qual não havia retorno. O algoz, embora em outro sentido, ultrapassou esse ponto. Condenou-se ao suplício eterno. Largou mão da sua humanidade. Definitivamente. Está entre as pessoas, mas vive num mundo desumano. Entre seus próximos, mas afastado deles. Atormentam-no os seus próprios filhos. Porque lhe recordam do mundo, ao qual já não pertence. E ao qual não tem acesso. Por isso, chega-se à violência no seio da família do algoz. O Estado não quer nada dele, o Estado já o puniu, ele pagou sua dívida. Mas, desde que ele volta para casa, a família tem expectativas a seu respeito. Eles clamam para que ele volte ao mundo dos vivos.

Para o algoz não há retorno. O algoz recebe uma passagem sem volta, implantada no corpo como um chip.

Porque o algoz deleitava-se escorregando no sangue das vítimas. Ele quer que se calem à sua volta. O algoz exige silêncio.

Fui estuprada e infectada. Meu nome não é importante, hoje já não tenho nome. Minha honra foi ultrajada. A única coisa que eu posso fazer é dar meu testemunho. Eu era linda, tinha 21 anos, tinha mãe, pai, muitas irmãs e irmãos. Eu vi como os soldados os mataram um a um. Tínhamos muitas crianças na família, eram lindas. Os assassinos tinham medo de que fugissem. Amarraram todos eles com uma corda nas pernas e outra nas mãos. Pareciam um grande colar de contas, os queridos pequeninos. Jogaram eles vivos no rio que corria atrás da casa. Eu gostaria de apagar da cabeça os gritos deles. Eu só quero isso.

E também o grito da minha prima. Ela não era muito bonita, então eles logo estupraram ela. Com um tronco de bananeira. Afiado pelas mulheres hútus que estavam do lado.

Por causa da minha beleza, me deixaram viver mais um pouco. Me tornei uma escrava. Me juntei a outras meninas bonitas capturadas antes. Eles usavam a gente onde queriam, quando queriam e como queriam. Derramavam esperma e álcool dentro de nós. E, quando tinham de se mudar para outro lugar, levavam a gente com eles. As vadias deles. As putas fodidas.

Quando os soldados iam lutar, os civis tomavam conta de nós. Não era permitido que eles tocassem a gente. Mas, também, quem iria nos querer? Estávamos magérrimas, sujas, fedorentas. Os cabelos desgrenhados para todos os lados. Em cada fio, uns cem piolhos. Isso durou quase três meses.

Até que um dia acordamos com uns tiros e explosões. Os que tomavam conta de nós fugiram em pânico. E nós nos escondemos nas moitas.

Chegaram os soldados da RPF, nos deram água, inseticidas e nos deixaram viver. Mas eu estava morta.

Depois de algum tempo, um soldado me pediu em casamento. Um tútsi lindo, alto e atraente. Eu disse a ele: não dá, estou desonrada.

E ele: vamos tentar, talvez juntos a gente consiga consolo.

Tentamos. Começamos a viver como marido e mulher. Ele alugou uma casa. Fiquei grávida. Mas a minha felicidade não durou muito. A RPF ainda estava lutando, mandaram ele para um lugar perto de Kivu. Lá ele morreu.

Minha barriga crescia. Na minha cabeça não havia lugar para nenhum pensamento. Eu me sentia mal. Fui até as freiras fazer exames. Peguei o resultado. Peguei um taco grande. Corria pela colina e batia em todos que encontrava. Não foi nem uma, nem duas vezes que corri pelas redondezas. Corria por horas. Na chuva. Nua.

Tive meu filho. O amanhã diante de mim não existia.

Já se passaram tantos anos e os suicídios dos sobreviventes continuam e continuam. Fracasso do terapeuta, se houve um terapeuta. Meu fracasso como médico psiquiatra, se alguém conseguiu chegar até mim. E fracasso da família, se houve uma família. Fracasso do humanismo, fracasso do mundo. Mas o mundo havia, o mundo existe. A vítima, ao contrário do algoz, encontra-se um pouquinho antes do ponto a partir do qual não há mais volta. Nós permitimos que ela cruzasse esse ponto. Permitimos que ela se contaminasse com o veneno dos algozes: aniquilar, exterminar, eliminar, destruir, liquidar, esmagar, triturar, apagar, erradicar, espancar, executar, degolar, cortar, retalhar, decepar, assolar, remover, trucidar, solucionar decisivamente, de uma vez por todas, definitivamente, finalizar, nocautear, esfaquear, picar, decepar, machadar, massacrar, fuzilar, assassinar, matar, dar porrada até morrer.

A vítima pensa: como eu não posso afastar o algoz dos meus arredores, eu mesma me afasto.

O algoz, passados os anos, vence.

Comprei *morora*, é um remédio para morrer. Estava segurando firme na mão e pela última vez corria nua pela colina. Estava pensando no meu estigma. Alguém tinha me lançado uma maldição. Aquele que acreditou em mim e quis me dar consolo teve de morrer.

Bem naquela hora ia passando uma religiosa, também sobrevivente. A única que sempre acreditou em mim, quando os outros viam em mim apenas uma estuprada insana coitadinha. Nunca perguntei a ela pelo que passou. Todos sabemos que em Ruanda o hábito não protegia ninguém de nada. E todos sabemos que não se deve perguntar às religiosas sobre isso. Ela ficou na minha frente: lave-se, penteie o cabelo.

Eu gritava: tenho aids, meu marido morreu, para quem é que preciso viver? Para o seu Jesus? Depois daquilo não fui nenhuma vez à igreja. Quando olho para uma igreja, vejo apenas os rostos das crianças assassinadas. Elas cantavam tão bonito no coro, para a glória do Senhor.

A religiosa me pegou pelo braço: não viva para Jesus, mas para o seu filho.

E me levou para o centro de saúde. Mostrou-me a fila de mulheres na frente do consultório: elas também têm aids.

Me deu sabão. Eu me lavei minuciosamente por um longo tempo. Quase não tinha o que lavar, quase não tinha corpo. Estava pesando trinta e dois quilos.

Tive um ataque da doença alguns dias depois. Me despedi do filho. A freira me prometeu que ia cuidar dele. Ela era como Nossa Senhora. Só que estuprada.

Eu mal podia enxergar ela, quando veio correndo com um sorriso: chegaram os remédios!

Fui uma das primeiras em Ruanda a ganhá-los.

Então estou viva. O tratamento faz sentido quando você se alimenta bem. Não tenho dinheiro para comida. Os remédios acabam com o meu estômago e a minha cabeça. Ando como uma bêbada. Me bato pelas paredes. Elas são minhas. Os soldados construíram elas pra mim. Uma ajuda para os sobreviventes. E me deram também algumas cabras. Tenho também um jardinzinho. Ganhamos do governo quando dividiram de novo a terra. Isso basta para não morrer. E não pedir ajuda a ninguém. Também, a quem pedir? Ao vizinho? Em volta moram somente hútus. E hútus matam.

Eu me lembro dos uniformes fedorentos daqueles soldados. Mas dos rostos não. Talvez porque nunca tenha olhado nos olhos deles. Tinha medo do olhar deles. Consegui apagar os rostos deles. Então, não posso apresentar queixa contra os que estão me matando.

Ela está viva. Ela o recorda: era bom, sensível, inteligente. Era o pai do seu filho. O filho está crescendo. Enquanto a escutava, lembrei-me de outro soldado bonitão da RPF. Eu o conhecia. Voltou da linha de frente e descobriu que toda a família tinha sido assassinada. Depois de alguns anos, casou-se com uma sobrevivente. Quem compreende um sobrevivente melhor que outro sobrevivente? Então previmos para eles um bom casamento. Ela teve dois filhos. Eles brigavam, ele bebia. Muitos sobreviventes bebem. Ele era bruto. Até que um dia, doze anos depois daquilo, ele pediu que ela pusesse uma roupa bonita. E as crianças também. Estava calmo. Pegou a arma. Atirou em si mesmo por último. Os jornais escreveram que ele não tinha conseguido enfrentar o trauma. Mas pode-se dizer de outra forma: o algoz exige silêncio, mas, antes de tudo, o algoz continua a matar no silêncio.

Às vezes acho que o meu bom marido no fim vai me matar.

Eu fui estuprada, mas tinha muita vontade de viver. Casei com um sobrevivente. Mas eu não sou uma boa esposa. Não consigo. À noite, ele se aproxima de mim e eu vomito.

Eu disse a ele: precisamos ter quartos separados.

Ele correu para a casa do padre para obter ajuda. Veio o padre. Ameaçou com o fogo do inferno. Mandou que voltasse para a cama de casal. Multiplicar-se para a glória de Deus. Vomitei. Perdi a consciência. Me levaram para o hospital. Acordei depois de três dias. Não queria viver. Me levaram para o psiquiatra. Ele foi gentil e delicado. Acabei contando a ele como tinham me estuprado.

Ele disse: vamos tentar tirar do corpo da senhora aquele pedaço de madeira.

Como ministro, olho para o corpo do ponto de vista da segurança do Estado. Muitas vezes o sobrevivente cai de joelhos diante do assassino e lhe implora: diga onde você jogou o corpo. Da mãe, do pai. Para os familiares, isso é importante. É preciso enterrar os mortos. Aquele que matou e não quer dizer o que fez com o corpo está nos mostrando que não se arrepende do crime. Continua a trazer consigo a ideologia dos assassinos. Então, pode fazer isso mais uma vez. Até por medo de que alguém lhe arranje uma *gacaca*. Ele antecipa o ataque e mata a testemunha sobrevivente. Pode — como aconteceu em Butare pouco tempo atrás — arrancar os olhos da vítima ou cortar sua língua. A mensagem é clara para nós: tomem cuidado, nós, a Interhamwe, ainda estamos aqui. Fiquem calados.

Quando a consciência não está tranquila, o corpo começa a agir.

Há também aqueles que sentem que não nos humilharam o suficiente: abrem os túmulos das vítimas. Retiram os ossos dos nossos familiares. Fazem brincadeiras com eles. Misturam com ossos de animais.

Eu não vi nenhum corpo. Tinha onze filhos, três morreram naturalmente, quatro na guerra, tempos difíceis aqueles. Então, em 1994, eu já estava na menopausa. Morava no povoado de Muniaga. Nossos homens saíam do povoado e iam matar numa colina distante. Ela se chama Rutondo. Foi o governo que arrastou nosso povo para isso tudo. E o governo escolhia aqueles que tinham de morrer.

A matança levou um tempo. Até que, por fim, expulsaram a gente. Ficamos algum tempo fora de casa. Não vi nenhum corpo. Voltamos. Descobri que muitas pessoas das redondezas já não estavam lá. Eles foram assassinados. Mas eu não vi nenhum corpo. Depois começou a *gacaca*. Fui acusado por uma mulher de Rutondo de ter entregado ela aos assassinos. Imagine só! Sobreviveu, tem quatro filhos e me denuncia. Que eu queria eliminar ela. Eu nunca entreguei ninguém, não matei ninguém, não vi nenhum corpo. E peguei um ano de trabalhos comunitários. Trabalhei no campo. Até que um dia vieram do governo e me perguntaram como estava indo o trabalho. Respondi que mal, que o corpo não queria me obedecer, que a terra era pesada, que eu não conseguia carregá-la. Nem as pedras. Aí eles pediram a revisão do processo e aumentaram a minha pena para cinco anos. É isso que vale a nossa *gacaca*. Estou presa por causa daquela mulher de Rutondo que está viva.

Essa é a nossa Rutondo. Uma colina de pedra. Essa é Adela e aquela, Balancila. Adela não vai falar nada, mas Balancila pode acrescentar alguma coisa. Eu me chamo Jean-Marie. Aqui tudo aconteceu em dois dias e duas noites. Nós éramos 1500. Nós nos escondemos atrás daquelas moitas. Tínhamos porretes e pedras, e eles facões. Eles nos cercaram de todos os lados. Quem eles conseguiram arrancar de lá era imediatamente degolado. Os corpos fediam. Estava muito quente. A gente sem água, sem comida. Perdemos as forças.

A gente se aproximou deles: deixem que a gente vá até a cidade, queremos morrer lá.

O diretor da nossa escola estava comandando o bloqueio. Ele perguntou: e que diferença faz o lugar onde vamos acabar com vocês?

Um de nós esclareceu: não se trata de onde, mas de como. Queremos morrer de balas e não pelos seus facões. Na cidade eles fuzilam.

Alguém gritou, com um sorriso: todos vocês são tútsis? Impossível! Quem for hútu que fique aqui!

Muitos de nós tinham se preparado para tal circunstância, muitos tinham documentos bons.

O assassino pegava o documento na mão e rasgava em pedaços: você acabou de deixar de ser hútu.

E degolava. Aqueles com documentos bons morreram na hora. Porque eles conheciam a gente.

Depois fizeram uma seleção. Homens para a esquerda e para a morte. Mulheres com crianças para a direita e podiam voltar para casa. Um garoto que tivesse mais de dez anos era, segundo eles, um homem.

Jean-Marie, você está errado. Eu lembro bem. Todo garoto que tivesse mais de sete anos, eles achavam que já era adulto. Além do mais, que diferença faz, já que um deles da Interhamwe mudou de ideia e anunciou que todos os meninos tinham de se juntar aos homens. Sem exceção. A gente tirava as roupinhas de menina das nossas filhinhas e vestíamos nos filhos menores. As crianças nos apressavam: mais rápido, mamãe, mais rápido.

Deixamos nossos homens e corremos para as nossas casas, conforme a permissão dada. Mas não fomos longe. A primeira de nós foi morta a poucos metros. As moças jovens, eles pegaram e levaram para algum lugar. Nós conseguimos chegar até a primeira casa e os Interhamwes vieram atrás de nós. Começaram a arrancar os filhos de nós. O meu menorzinho tinha uma semana e eu consegui esconder ele debaixo da roupa. Mas os mais velhos...

Vou terminar para você, Balancila. Eles lanharam os mais velhos, para que agonizassem devagar. E tudo estava acontecendo na presença de vocês. Eles mandaram que vocês enterrassem os corpos dos filhos. Mas eles ainda estavam vivos. Vocês imploravam, mas já não lembro o quê. Por fim, jogaram todos os pequenos na latrina ao lado da casa. Doze. Eles gritavam. Vocês se calaram. Adela até hoje está calada. Foi assim, Balancila? Aí, um pouco mais abaixo — ali, ó —, colocaram os homens e os meninos. Em doze longas filas paralelas. Para uns vinte Interhamwes. Cada um deles segurava na mão um facão. E golpeava com ele na nuca. Nuca após nuca. Um e depois o próximo. As pessoas sabiam o que esperava por elas, então tentavam ir para a frente. E um e depois o próximo. Cada um deles queria ser o primeiro. O montão de corpos crescia e crescia. E o próximo. Cortando, cortando, cortando. Cada um queria estar do outro lado o mais rápido possível.

Eu olhava tudo aquilo das moitas.

De noite chegaram os caminhões.

Levaram os corpos e jogaram no lago.

Todos os dias bebemos daquela água.

O que aconteceu em Rutondo? Pessoas morreram, eu conhecia elas, afinal, eram vizinhos. Mas eu não vi nenhum corpo. Eu realmente não sei por que aconteceu assim. Foi o governo que decidiu ou foi Deus? Como é que posso saber? O que é que eu entendo disso? Nunca pude entender. Só sei que o governo mandou as pessoas matarem as pessoas. Se o governo lhe manda fazer alguma coisa, então faça. Mesmo que você não entenda.

E depois o governo trancafia você.

A família não me visita aqui. Alguém me dá um pouco de sabão, dão de comer e beber. O trabalho não é pesado. Quando os outros saem pra fazer alguma coisa lá fora, eu fico e varro perto das tendas. Mas não tenho forças, porque de noite eu durmo mal. De noite a cabeça queima. Fui ao médico, ele me receitou uma coisa, não ajudou. Toda noite derramo água na cabeça. A cabeça fica fervendo. Sobe do braço para o alto e lá no cocuruto queima, bem quente. Alguma cobra rastejou para dentro da minha cabeça. Esse animal me infestou o corpo.

Naquela época? Eu tinha dezesseis anos. Sempre escutava que, quando os tútsis chegassem lá da fronteira, iam me cortar em pedaços como se eu fosse um porco.

Os partidos políticos atiçaram o fogo e nós atacamos.

Os homens degolavam. Degolavam os homens e as crianças. As mulheres, eles deixavam para depois, escondiam em algum lugar. E depois traziam os seus corpos mortos.

Eu olhava aquilo. Colocavam os corpos numa casa inacabada. Vi então um monte de corpos.

Fui para a *gacaca* doze anos depois. Antes eu tinha conseguido casar e tive quatro filhos. Três meninos e uma menina. É linda essa minha filha.

Alguém me acusou de profanação de cadáveres. Crime de primeira categoria. Por causa da pouca idade, peguei uma pena curta: dez anos. Pedi perdão e diminuíram a pena para seis anos. E mudaram a penitenciária para uma menos rigorosa.

Falo para as crianças que estou presa por causa da *gacaca*, porque... o que vou dizer a elas?

Que havia uma pilha de corpos? Que eu peguei uma pedra atrás da outra?

Que joguei as pedras nos cadáveres? Nos túmulos coletivos abertos?

Que lá do fundo eu ouvia o choro de uma criança?

Que eu conhecia aquela menina? Era linda.

Que as pessoas ficavam em volta? Os adultos, ninguém reagiu.

Que a mãe da menina estava em cima dela?

Que eu joguei pedrinhas no corpo da mãe dela? Porque eram só pedrinhas. Não pedras.

E que depois eu nem me lembrava daquele choro? Dormi tranquilamente por doze anos. Até que me disseram na penitenciária que eu tinha cometido um crime. Que por causa disso agora tenho de ficar presa e trabalhar duro? Que de noite eu caio de cansada? E não sonho com nada. Nem com ninguém.

3

Segundo testemunho de Leonard.

Ela o pariu primeiro, depois ainda outros três. Moravam numa casa de taipa, numa verde encosta que desce suavemente até o lago Kivu. O lago é enorme, profundo, por vezes azul, às vezes negro, sempre lindo.

Estamos indo vê-lo. A estrada de Gitarama para Kibuye é sinuosa, mas lisa. Porque é nova. Foi construída há pouco tempo pelos chineses. As paisagens são magníficas e as colinas aqui são provavelmente mais largas do que em qualquer outro lugar de Ruanda. Podemos ver a maravilhosa imensidão, podemos ver o mundo inteiro: uma montanha cresce por trás da outra, centenas de colinas e morros. São agradáveis e amenos para o olhar, não despertam nenhuma deferência, nenhuma ameaça. São — como dizem os especialistas em relações públicas locais — provavelmente uns mil. Espaço verde longínquo. O verde aqui se mistura com a terra vermelha, com a forte luminosidade da tarde e com a neblina branca como leite. Suas enormes nuvens elevam-se dos vales depois da chuva matinal, lentamente, sem pressa, quase não dá para ver seu movimento. Mas a neblina fervilha, borbulha, eleva-se e fica suspensa logo acima da linha das montanhas. Silêncio, tranquilidade, é lindo e seguro. Como num cartão-postal das férias.

A terra. Para obter dela o máximo, os lavradores escavam grandes terraços nas encostas. Cada terraço é o campo de alguém, a sementeira, a plantação. No plano é mais confortável de trabalhar, e também uma chuva qualquer não vai carregar a lavoura. Mas não é assim em todo lugar. Porque em muitas colinas não há terraços: os talhões são inclinados, íngremes e às vezes quase verticais. Quase nada cresce num lugar assim. Todavia tudo parece perfeito do ônibus em que viajamos. Enormes patchworks em cores suaves, os pedaços individualizados têm diferentes texturas. Aqui cresce o sorgo, ali a mandioca ou o milho. Café, chá. Aqui, raras florestas de eucaliptos; lá, densos bosques de bananeiras. Foram eles que socorreram Leonard.

— Alguém esmurrou a nossa porta de noite.

A escuridão era como agora. Depois de um dia de calor abrasador, como agora, soprava um vento leve do Kivu. Com certeza o lago estava também, naquele dia, um pouco agitado, mas Leonard não podia vê-lo, porque saiu correndo na direção contrária. Afinal, seu pai sempre repetia que não era permitido se aproximar da margem sem ele. Talvez acrescentasse: ou sem a mamãe. Mas a mãe ainda não existe no vocabulário de Leonard.

Chegamos a Kibuye. A cinco quilômetros daqui — a casa da família de Leonard. Quem será que mora lá agora? Ou será que não existe vestígio da casa? Talvez vamos lá amanhã. Mas, por enquanto, não.

Sentamos no terraço do pensionato católico de São João, um pouco fora da cidadezinha, num alto penhasco. Ao lado fica a igreja. De pedra, feia, certamente construída nos anos 1960. Sabemos o que aconteceu lá. Afinal, em que igreja em Ruanda isso não aconteceu?

Antes da entrada para a igreja — um cubo de concreto com uma inscrição pintada: *11 400 vítimas do genocídio — 17 de abril de 1994*. Vi essa informação ali quinze anos depois do genocídio. Mas, um ano depois, já não estava lá. O cubo foi recentemente reformado e repintado de branco. O número de vítimas e a data das suas mortes ficaram sob a tinta espessa. Agora aqui escreveram à mão somente um slogan antigenocídio. Em roxo. Um tipo de *never again*. Só isso. Como se alguém quisesse complementar aquela intenção dos malfeitores: apagar.

Não há sobrenomes das vítimas. Desde o começo isso foi um problema. Porque os assassinos queimaram os documentos de identidade e depois foram para as repartições públicas locais e as secretarias paroquiais para lá destruírem os registros da população tútsi.

Apagar, triturar, assolar.

Onde, hoje em dia, podemos achar os sobrenomes dos desaparecidos e assassinados? Em que lista? Em que registro, em que base de dados computadorizada?

Pergunto sobre isso no Kigali Memorial Centre, nas repartições públicas da capital e nas organizações não governamentais. Uma delas se chama Ibuka, que significa «Lembre-se». E lá ninguém tinha ouvido falar dessa lista.[1]

Agora não haverá nem os números? O número de vítimas escrito no monumento fere os olhos dos agressores? Não há uma família em Ruanda na qual não haja um perpetrador do genocídio. Ou uma vítima. O número de famílias de perpetradores, que fique claro, é significativamente maior. Os parentes dos assassinos rezam de joelhos. E os assassinos estão ajoelhados. A maioria é de católicos. Evidentemente, o número daqueles que foram mortos — vistos todo domingo a caminho da casa de Deus — atrapalha a reconciliação nacional. Então, passaram tinta em cima do número.

E a terra? A terra não atrapalha? A terra — objeto de disputas e reivindicações. Aqueles que durante três meses assassinaram, fugiram depois para trás da fronteira

---

1 Por exemplo, na Bósnia e Herzegovina, depois da guerra de 1992-95, imediatamente foi elaborada uma lista dos desaparecidos: algumas dezenas de milhares de sobrenomes. Lá os sobreviventes procuram, com a ajuda do Estado, seus parentes mortos. Com a ajuda de antropólogos forenses, exumam os corpos das sepulturas coletivas. Graças às pesquisas de DNA, identificam os ossos desenterrados, para, por fim, sepultá-los num túmulo individual, com nome e sobrenome na placa.

mais próxima. Quando voltaram, muitas vezes suas terras já eram administradas por outra pessoa: sobreviventes que tiveram as casas incendiadas começaram a morar nas casas dos algozes. Nelas se estabeleceram também os *fifty-niners*: aqueles tútsis que os hútus baniram em 1959 e nos anos seguintes. Seus filhos e netos. Depois do genocídio, com o chamado do novo governo, retornaram em massa para o país, provenientes do exílio em Uganda, Quênia e Tanzânia.[2] Ocuparam as casas vazias. Mas isso não os satisfazia: exigiam (e ainda

---

2   É bastante fácil perceber quando um tútsi adulto é um dos que retornaram (o que também significa que não passou pela experiência do genocídio de 1994): fala inglês fluentemente e em geral não sabe francês. Porque Uganda, Quênia e Tanzânia são países anglófonos. É mais provável que um ruandês adulto, que tem mais intimidade com o francês, sempre tenha morado no país ou tenha vindo do Congo (mais raramente da Europa). A propósito, uma informação importante: depois do genocídio, Ruanda se separou da francofonia. A língua inglesa se tornou a segunda língua oficial, depois do kinyarwanda. O francês desapareceu das escolas. Em 2006, Ruanda, furiosa, cortou relações diplomáticas com a França. Isso foi uma reação à acusação por parte da França de que alguns colaboradores do presidente Kagame lideraram o ataque ao presidente Habyarimana. O avião presidencial derrubado a tiros em 6 de abril de 1994 era conduzido por pilotos franceses. Separando-se de tudo o que era francês, Ruanda, em 2009, entrou para a *Commonwealth* britânica. É um dos dois países — ao lado de Moçambique — que pertencem à British Commonwealth of Nations mas nunca foram colônias britânicas.

exigem) a devolução do patrimônio. Milhares de novos tútsis, centenas de milhares. Eles fazem perguntas difíceis: mataram meu avô, mataram meu pai, me expulsaram com minha mãe, e agora tenho de dividir tudo com os filhos dos algozes? Nas estatísticas demográficas de Ruanda, parece que nada aconteceu aqui: hoje em dia mora no país o mesmo número de tútsis que antes do genocídio. Como se não faltasse ninguém. Mas falta. A terra se lembra de quem. Porque não é apenas a provedora, mas também o cemitério. Em 1994, nas redondezas de Kibuye, nove de cada dez tútsis foram assassinados. A maioria dos crimes, ninguém — além dos agressores — viu. Não há testemunhas. Só há a terra. E a terra testemunha.

Em Ruanda não existe a tradição dos cemitérios. No país inteiro existem apenas alguns. Provavelmente somente onde algum pároco branco conseguiu introduzir esse costume europeu. Os ruandeses enterram seus mortos perto de casa, no próprio campo, em algum lugar à sombra de uma bananeira ou de uma imensa acácia. Não demarcam os túmulos nem cuidam deles. Mas afirmam que sabem muito bem onde seus familiares estão e que sempre carregam consigo a lembrança deles.

E quanto aos mortos de 1994? Quem vai se lembrar deles? Não estão descansando sob a bananeira familiar, porque, no geral, não foi a família quem os sepultou. Muitas vezes, ninguém enterrou os cadáveres.

A decomposição se deu na superfície. A terra calmamente esperava por eles. Dia após dia, semana após semana, com a ajuda das bactérias, dos vermes, dos animais maiores e da chuva, a terra pacientemente e sistematicamente absorvia os mortos em si. E a terra agora recorda os corpos. Desassossega, atormenta. Você cava com a enxada e ela o acusa. Terra — consciência. Terra — arquivo lúgubre, base de dados, disco rígido. Terra — promotora de justiça. Ossos em todos os lugares. Projetam-se para fora. Os crânios rolam. Igualmente rachados.

Em geral já não é possível reconhecer os corpos profanados, encontrados e arrancados da terra. São enterrados mais uma vez sob imensas lajes. Mas de forma humanista.

Acontece também de não se removerem os corpos encontrados. Porque os malfeitores, cansados do fedor da decomposição, decidiram cavar uma cova bem naquele lugar, que não ofendia a dignidade humana. Agora os sobreviventes marcam esses pontos: com uma placa ou um murinho, varia. Organizam cerimônias e orações de luto.

Em todas as cidades e em quase todas as aldeias: sepulturas coletivas. Nas imensas lajes de concreto vê-se uma escotilha. Ela é colocada para o caso de encontrarem outros ossos. As tíbias encontradas são lavadas, colocadas em ataúdes que são adicionados à grande sepultura.

Mas ninguém sabe de quem são os restos mortais.

Nas lajes não há sobrenomes.

A identificação tem sentido quando se tem alguém para quem fazê-la. Quando os familiares das vítimas estão vivos. Para os restantes, o reconhecimento dos velhos cadáveres não é nada necessário.

Mas para os familiares é. Se doassem sangue para o laboratório de DNA, certamente, por fim, receberiam a notícia desejada: estes são os restos mortais que vocês procuravam.

Todo sobrevivente em Ruanda gostaria de ter certeza de que os ossos dos familiares não estão repousando no esterco. Leo também gostaria de sentir esse alívio.

— Podem me tirar todo o sangue que precisarem.

Mas, para Leonard e para uma porção de sobreviventes, ninguém vai examinar milhões de maxilas, mandíbulas, vértebras, clavículas, costelas, omoplatas, ombros, punhos, quadris, rótulas, fíbulas e calcanhares. E, de acordo com a arte da antropologia forense, isso deveria ser feito. Mas quem daria dinheiro para isso? E quem viveria até que chegassem os resultados das pesquisas? Isso duraria uns cem anos. Para quem liberariam os velhos ossos reconhecidos? Para os bisnetos?

A identificação dos corpos aqui não tem sentido.

Mas existem os sortudos que, depois de passados anos, reconhecem os restos mortais dos seus desaparecidos. Por algum detalhe (um retalho da roupa) ou graças à informação de uma testemunha (o agressor?), que, arrependida, indica o lugar do sepultamento do cadáver. Se for um cadáver único, os familiares têm certeza (ou melhor: querem ter certeza) de que é mesmo sua mãe, seu pai ou um filho desaparecido. Colocam os ossos no caixão e levam para o túmulo coletivo mais próximo.

Geralmente, não fica longe.

Lá, entreabrem a escotilha: juntos viveram, juntos morreram, que juntos descansem em paz. Todos — também aquele que foi reconhecido — no anonimato. Sem placas nem nomes.

Muitas vezes, nos grandes túmulos das vítimas do genocídio não há nenhuma informação, por mais curta que seja: vítimas — 1994. Não há nada. Não querem aqui os seus sobrenomes?[3]

---

[3] Quem me responde a essa pergunta é Révérien Rurangwa, do povoado Mugina, que agora reside na Suíça, no seu livro *Ocalony* [Sobrevivente]. Ele tinha dezesseis anos e viu como o vizinho abriu a barriga da sua mãe. E ela dizia: «*Data, data wambyaye wambyariye iti we*», que significa, «Papai, papaizinho, por que você me deu a vida?» (p. 59). O vizinho se chama Simon Sibomana e é um pacato pai de família. Antes e hoje em dia, dono do bar local. Ele agrediu Révérien com um facão e um porrete cheio de pregos. Hoje Révérien manca, tem o rosto cheio de cicatrizes, perdeu um olho e uma das mãos. Está vivo. Da Europa ele voou para Kigali e está visitando o povoado natal: «Nenhuma placa. Nenhuma lápide. Como eu gostaria de gritar os nomes das 43 pessoas da minha família, guardando na memória cada rosto. Queria muito di-

E Leonard? Olha para o mundo, com orgulho, para o mundo da sua altura de quase dois metros. Leonard não atrapalha a reconciliação nacional? É difícil conversarmos hoje, estamos muito perto da sua casa. Sentamos no terraço do pensionato de São João, num alto penhasco. Está escuro. Estamos olhando em frente: para o azul-marinho do lago Kivu.

— Os pais do meu pai se afogaram aqui. Sortudos, não viveram até o genocídio.

Todo ano as pessoas se afogam no Kivu. A água aqui é uma importante via de tráfego, e as canoas são fracas e muitas vezes estão sobrecarregadas. Uma tempestade violenta pode atacar de súbito, junto com pancadas do vento frio como gelo das montanhas. O Kivu se parece, então, com um mar espumoso. Não há misericórdia nem socorro, há um abismo. O fundo — cerca de meio quilômetro a partir da superfície. Porque o Kivu é um dos vinte lagos mais profundos do mundo. Quando olhamos o mapa de Ruanda, vemos que ele ocupa praticamente toda a fronteira ocidental do país — com a

---

zer e repetir sem parar como eu sinto saudades deles» (p. 93). Foi justamente com Révérien que aprendi a que som associar o som de um facão rachando uma cabeça. Foram publicadas dezenas de livros de testemunhos dos sobreviventes do genocídio em Ruanda. Todos os livros podem ser comprados, em inglês e francês, nas livrarias de Kigali. O livro de Rurangwa me parece ser o mais valioso.

República Democrática do Congo. A margem, sobretudo no lado ruandês, é densamente povoada. A água não traz apenas a morte para os habitantes locais, mas também a vida. Porque nela pescam peixes. Porque podem fugir pela água quando os milicianos da Interhamwe enlouquecem na margem. Poucos conseguiram isso.

Sabemos que naquele mês de abril, o penhasco do qual agora olhamos para a água escura estava coberto de cadáveres. Quando os assassinos invadiram a igreja, as pessoas tentaram escapar descendo a encosta em direção ao lago. Foi exatamente lá que os facões alcançaram muitos deles. Ou aqui, na pousada ao lado. Sabemos o que aconteceu nos quartos em que dormiremos esta noite. Sabemos que, depois de tudo terminado, os algozes tiveram uma ideia de como ter certeza de que ninguém estava se fingindo de morto. Se algum tútsi não tinha se escondido espertamente sob o corpo da mãe, do pai ou do vizinho. Usaram gás lacrimogênio. Alguns cadáveres começaram a tossir.

Sabemos que, dois anos depois, uma equipe de antropólogos forenses americanos efetuou várias exumações aqui. Por solicitação do tribunal internacional, os especialistas estavam coletando provas do genocídio. Jornalistas e políticos os visitaram aqui.[4] Mas também

---

4   Madeleine Albright depositou aqui uma coroa de flores.

convidados não esperados, que exigiam dinheiro para concordar com as exumações. Eram bispos da Igreja católica.[5]

— À noite alguém esmurrou a porta — ouve-se mais alto Leonardo engolindo a saliva do que falando. — Fui o primeiro a me esquivar pela janelinha dos fundos. Não olhei se meus irmãos estavam correndo atrás de mim. Eu os deixei. Papai não ia gostar disso.

Ele correu até uns conhecidos. Eles estavam na casa escura, choravam e não queriam se mexer. Eles também tinham crianças. Estavam esperando a morte. Leonard tinha nove anos e convenceu os adultos a passarem a noite todos juntos nas moitas. Graças a isso, sobreviveram mais algumas horas. Os assassinos chegaram antes da meia-noite e foram embora sem nada. Mas, pela manhã, os vizinhos não queriam deixar a casa. Leonard correu em frente, e eles ficaram. Ainda estavam esperando. E esperaram até o fim.

Decidiu chegar à repartição municipal. O encarregado — pensou — vai dar refúgio a uma criança. E assim parecia quando se aproximou de lá: algumas centenas de pessoas, adultos e crianças. Com alívio, viu dois de seus irmãos.

---

[5] No livro *The Bone Woman* [A mulher dos ossos], Clea Koff escreve sobre isso. Ela é uma antropóloga forense que em 1996 trabalhava na colina da igreja em Kibuye.

E o terceiro, o mais novo?

Na repartição, fizeram um comunicado: aqui vocês têm proteção. Mas, para a sua segurança, nós vamos separá-los. Pedimos aos homens que vão para a sala do lado esquerdo do corredor, as mulheres para a sala do lado direito. Crianças, vocês estão em maior número, então fiquem no saguão.

As janelas das salas não tinham vidraça, mas tinham grades. Fecharam as portas à chave. Aquelas atrás das quais estavam os homens, depois de algum tempo, foram entreabertas por um momento. Para que jogassem lá dentro alguns pneus em chamas.

O menino mais velho gritou: vamos fugir! O saguão era no piso térreo, as crianças se arrancaram em direção às janelas, que ali, felizmente, não eram gradeadas. Isso surpreendeu os que tomavam conta do prédio. Eles gritavam: atrás da cerca é perigoso. Se vocês fugirem agora, aí seus pais nunca mais vão achar vocês. Voltem! As crianças que obedeceram logo tiveram as cabeças cortadas.

Leonard e os irmãos corriam em frente. O primeiro tinha sete anos e o segundo mal tinha cinco. Junto com eles ainda iam cinco crianças. Talvez seis, Leonard não lembra exatamente.

— Só umas criancinhas — falta-lhe saliva. — Estava escurecendo.

Kivu de manhã. Maravilha da natureza, outro cartão-postal: a água enfia-se por entre as colinas verdes e cria dezenas de fiordes estreitos, altos e ensombreados. Cada colina é parte de uma cidadezinha. O céu e as montanhas refletem-se no espelho da água clara. Calmaria. Os hoteleiros desejam muito uma paisagenzinha kitsch assim em qualquer outro lugar do mundo. Mas não em Kibuye. Aqui não há turistas.

Não vamos visitar a casa da qual Leo saiu correndo na escuridão, quando tinha nove anos. Porque, logo depois do café da manhã, vamos nos encontrar com Peter. Peter também perdeu os pais em Kibuye. Ele quer nos contar sobre isso. Quer nos mostrar tudo, passo a passo, pedra após pedra, onda após onda. Se é que temos tempo para os pais dele.

— Temos — decide Leonard.

E repete-se a mesma coisa: pais assassinados, novamente as irmãs, irmãos, com certeza lhes deceparam os pés, as mãos, minhas anotações estão repletas de membros decepados, repletas de sangue, esperma infectado, as irmãs na certa foram violentadas, anoto tudo isso diligentemente, há muitos meses, noite após noite, já tenho tudo, pais assassinados em cada canto, e crianças, anoto com caneta azul, preta, verde, para depois, pela mudança de cor das anotações, encontrar com habilidade o começo e o fim de cada relato, morto assim, morto assado, minhas cadernetas estão inchadas como os cadáveres na água, todos aqueles corpos estão perto de mim, mortos, mas também vivos, mutilados, o primeiro, o décimo, o quinquagésimo sobrevivente, seus pais mortos não é nada de especial, nada de particular, normalidade ruandesa, minhas cadernetas fedem, tudo aquilo que tenho nelas vem agora à minha garganta.

E, não faz muito tempo, eu queria ouvir sobre todos os assassinados. Anotar cada morte, cada estupro, cada infecção, cada pé decepado, cada criança afogada na estrumeira. Não faz muito tempo, eu julgava que seria bom registrar todos eles. E anunciar ao mundo que eles existiram. E como tinham morrido. Seria bom lembrar-se de cada um em particular, em separado, individualmente.

Para que se lembrar dos assassinados em Ruanda em 1994? Para que sentir falta deles? De que nos servem os testemunhos dos sobreviventes?

— Quantos anos você tinha, Peter?

— Dezessete.

Este é o túmulo. Aqui estão meus pais.

E minha irmãzinha. Mamãe estava carregando minha irmã nas costas.

A gente morava aqui, no alto.

Fugimos para a montanha, para o cume.

No cume as crianças recolhiam pedras. Elas traziam as pedras para nós nas bolsas da escola.

Os Interhamwes se aproximaram. Perto. A gente se

olhava nos olhos. Jogávamos as pedras em cima deles. Nossas mãos estavam sangrando.

Eles cercaram a gente. Estavam mais abaixo com os facões. Sem chance. Foram embora.

Os mais velhos descansaram. Durante a noite toda, as crianças ficaram carregando pedras.

Não adiantou nada. Ao amanhecer veio o exército.

Morte boa era ser baleado. A mãe, as irmãs, os irmãos.

Quem conseguiu forçar caminho entre as balas, correu para o lago. E lá deu de cara com o metal do vizinho.

Meu pai conseguiu viver cinco dias embaixo de uma folhagem.

No quinto dia estava faminto. Viu um amigo.

Saiu da moita: amigo!

O amigo agora está na perpétua. Porque na hora disse: um homem não é amigo de baratas. E mostrou ao colega como se trata um inseto.

Cortou as mãos do meu pai. Em fatias, como se corta um presunto.

Meu pai era forte, sobreviveu bastante tempo.

Eu via do esconderijo.

Abriram a barriga do pai, tiraram o estômago.

Eu e meu irmão nos escondemos nas tocas. Cada noite numa toca diferente. Cada noite cem metros mais perto do lago.

Até que os Interhamwes, certos de que tinham matado todos, voltaram para a nossa colina. Para saquear as casas.

Na sexta noite chegamos ao cais.

Jogamos para fora os cadáveres de um barco. Navegamos para uma ilha deserta.

Temos canoa, coletes salva-vidas, vamos navegar. A primeira vez depois de tudo terminado.

— Leonard?

— A primeira vez no lago sem o papai. Eu vou sobreviver. Não quero voltar.

— Na ilha — diz Peter, quando chegamos lá de barco — estavam acampados uns sessenta tútsis de Kibuye. Tinham chegado uns dias antes, quando ainda estava calmo na cidade.

Com vacas e cabras. Podiam comer espetos assados na fogueira.

Naquela mesma noite um barco da Interhamwe se aproximou. Porque vieram no nosso encalço.

Eles eram muito poucos. Ficaram com medo de atacar. Foram embora.

Cada um de nós tinha algum barco ou jangada. Saímos rapidamente em direção ao Congo.

Parece que de manhã chegaram à nossa ilha outros tútsis.

Logo atrás deles, os assassinos. Fuzilaram todos. Jogaram os corpos na água. O Kivu é um cemitério fundo.

Voltemos.

— *Money* — no posto de gasolina um adolescente nos aborda, quer dizer, me aborda. — Me dá dinheiro.

— E por que eu teria que te dar dinheiro? — pergunto.

— Porque você tem — dispara, sem pensar nem um segundo. — Todo *muzungu* tem.

— E onde estão seus pais?

— A mamãe morreu. O papai conheceu uma dona e se mudou.

— Você costuma vê-lo?

— Não. Ele se esqueceu de mim.

— Então, com quem você mora?

— Com a minha irmã. Mas ela logo vai casar. E vai me deixar, que nem o pai.

— Você estuda?

— Não, nunca estudei.

— Por quê? O ensino básico é gratuito.

— Ninguém nunca me mandou.

Leonard se lembra das orientações de seus pais (a palavra pais aparece pela primeira vez entre nós; até agora era só papai). Repetiam sem parar para o filho mais velho: estude, você precisa ser alguém. Mas para quê? Essa pergunta acompanhou Leonard por alguns anos depois de 1994. Ele crescia, estava se tornando um adulto e não compreendia para que precisava ser alguém, já que isso não protege ninguém de nada. Pelo menos não diante de um facão. Meus pais (Leo repete essa palavra pela segunda vez naquele minuto) eram alguém e isso não os ajudou muito. Então, por que se esforçar? Mas, apesar das dúvidas, Leo estudou com afinco, porque sabia que só poderia fazer aquilo pelos seus pais. E repetia para os irmãos mais novos: estudem, porque nossos pais queriam isso.

Os irmãos de Leonard não estão hoje no posto de gasolina e não seguram os *muzungu* pela manga. Embora tenham ainda menos do que Leo. Eles vão comer aquilo que lhes darão no internato. Não muito nem muito bom, mas não há do que reclamar. Leo se lembra deles, e é só ganhar algum dinheirinho transcrevendo dissertações de mestrado que logo lhes dá uns mil francos. Basta para uma coca-cola ou uma fanta tropical.

— Por causa dos meus irmãos, eu não posso me casar — Leo me diz. — E isso ainda por uns dez anos.

No mínimo em dez anos o irmão mais novo de Leonard vai terminar os estudos. Porque no mínimo em cinco anos ele vai começá-los. Só agora entendo o que é óbvio desde o começo: o terceiro irmão de Leonard, naquele mês de abril, não poderia ter fugido na escuridão pela janelinha da parede dos fundos da casa. Em breve ele completará quinze anos. Na ocasião, ele nem andava, era um bebê. Teria ficado com a mãe? Não posso perguntar. Sobre a mãe, ainda não estamos falando.

Mas sobre os pais sim.

— Preciso fazer isso por eles.

Pelos pais, ou melhor, em memória deles, todos os irmãos precisam terminar os estudos e se tornar alguém. É isso que Leonard deseja e é esse, por enquanto, o seu objetivo. Não é uma esposa ou uma família, mas quatro diplomas universitários. E isso custa. Porque nem todos são bons o suficiente para conseguir as bolsas do governo. Com uma esposa, a educação dos irmãos seria impossível. A esposa perguntaria: por que você está ajudando seus irmãos, quando mal temos o suficiente para nós? Se fosse responder a ela que não tem saída, que precisa e quer ajudar, a esposa iria trazer de mudança os irmãos dela: então sustente também meus irmãos. É assim em Ruanda, e não adianta discutir sobre isso. O rapaz que mendigava naquele posto de gasolina é um bom exemplo. O pai conheceu uma nova mulher e largou o filho adolescente. A irmã mais nova vai se casar e deixar o irmão mais novo.

— De onde eu poderia tirar para tudo isso? — Leo abre os braços amplamente e ri. — Afinal, não tenho nada! Então, não vai ter casamento tão cedo. E nenhuma namorada.

Uma namorada, na opinião de Leo, é uma ladra de tempo, uma ladra de energia. E ele precisa cuidar de si e dos irmãos. Mas será que só se trata disso? Ou talvez de algo completamente diferente? Será talvez essa busca da educação uma balela, uma desculpa, uma justificativa? Muitos dentre os estudantes universitários de Butare (talvez até a maioria, mas não tenho dados concretos sobre isso) não entram em nenhum relacionamento íntimo. Nenhum amor? Paquera? Por que aqui é diferente de qualquer outro lugar? O oposto do que acontece em todas as universidades do mundo?

— Pois é — pergunta Leonard —, por que não quero amar?

Ele se pergunta. E cala.

— Quando um homem — depois de um instante interrompo o silêncio — mora com uma mulher, geralmente não demora muito para que nasçam os filhos.

— Você acha — pergunta Leonard — que não quero ter filhos? Que tenho medo?

Ele se pergunta. E cala. E engole a saliva.

— Você tem medo? De quê?

— Que alguém vá degolar o meu filho.

Ou:

— Que meus filhos vão perambular pelo mato.

Naquela ocasião, eles não atenderam ao chamado dos assassinos. Não voltaram para o saguão da repartição municipal. Eles decidiram ir aonde ninguém os conhecia. Aonde ninguém adivinharia que eles eram tútsis.

Seis crianças (algumas vezes Leo diz que foram oito que fugiram da repartição, algumas vezes que eram doze, às vezes ainda outro número diferente) fugiram pela colina na direção de Gitarama. Quando chegaram lá — de uma dúzia ficaram três: Leonard e dois dos seus irmãos. E o resto? O resto se perdeu em algum lugar. Leo afirma que não se lembra como. Disse que apenas uma vez eles deram de frente com uma patrulha da Interhamwe. Os assassinos desconhecidos olharam atentamente para o grupo daqueles pequenos assustados e esfarrapados. E logo souberam com quem estavam lidando.

Um deles perguntou: de onde vocês estão vindo?

Disse: vão em frente, os outros que matem vocês.

Leonard repete:

— Eu corri.

Eu me esquivava dos hútus.

Eu era pequeno.

Os irmãos eram menores do que eu.

Famintos.

Três. Quer dizer, dois. Três comigo.

Passei o tempo todo carregando o menor nas costas.

Tenho três irmãos.

Dois meses no mato. Quer dizer, duas semanas. Acho.

Como gatos. Atentos.

Dias inteiros numa moita só. Sem nada para beber.

Às vezes tinha um córrego, um rio. Bebíamos água, vermelha.

Fazíamos cocô também nas moitas. E ficávamos em cima dele por muitas horas.

Mudança de lugar — só de noite.

Comemos uma carcaça que encontramos. Espero que tenha sido de um cachorro.

Em todos os lugares tinha corpos no chão.

Se eu tiver que morrer, então vai ser junto com meus irmãos. Eu só pensava nisso.

De noite entramos na cidade.

Era Gitarama. Leonard não lembra por que motivo se dirigiu direto para a igreja. Algumas semanas antes, acreditava que a repartição municipal daria refúgio para uma criança e talvez agora considerasse que só a igreja pudesse salvá-los. Em volta da igreja havia soldados brancos. Franceses.[6]

— Nós entramos.

Eu sentia o cheiro de merda no nariz. Vômito. Urina. Suor. E sangue.

Toda hora alguém entrava. Lia os sobrenomes das listas. Levavam as pessoas.

Mas a gente não. Éramos crianças e não éramos daquela região.

Os franceses eram bons, davam uns biscoitos para a gente.

---

[6] Leonard provavelmente está enganado. Possivelmente eram soldados da missão Unamir que falavam francês. Na época não havia franceses naquelas terras.

Mas não interferiam na matança.

O tempo todo a gente escutava apitos, gritos e gemidos lá fora.

Isso durou dois meses. Ou duas semanas. Não sei. Não lembro.

A gente dormia nos bancos da igreja.

Até que, um dia, os soldados franceses sumiram da frente da igreja.

Os Interhamwes estavam nas portas da igreja. Começaram a degolar lá da porta.

Peguei o irmão menor nas costas.

Para o segundo, eu disse: você já tem sete anos, tem de se virar sozinho.

Corremos para o lado da porta. Ligeiros. Entre as pernas dos assassinos.

As casas em Gitarama já estavam vazias. Os hútus foram para o Congo.

Dois dias depois a RPF entrou na cidade. Leonard e seus dois irmãos mais novos foram mandados para o orfanato mais próximo.

— Nos salvamos.

Em setembro de 1994, o professor perguntou a Leonard se ele se lembrava de onde ficava sua casa. Porque o Estado ruandês não podia arcar com a manutenção dos órfãos que na verdade não eram órfãos. Era necessário averiguar se os pais tinham sobrevivido.

Leonard ficou contente. E acreditava que logo ia ver os pais.

Disse: não conheço a estrada para Kibuye. Mas, logo que chegarmos lá, consigo ir do centro até em casa sem o menor problema.

Foram.

4

Estou feliz com esta estadia neste país africano, no qual o Evangelho foi aceito com entusiasmo, e onde a fé tão rapidamente floresce... O Espírito Santo, tendo conquistado para Jesus Cristo os corações de tantos ruandeses e ruandesas, constantemente os contempla com inúmeras benesses, tais como a fé viva, a liturgia cumprida com fervor, o amor à palavra de Deus, o desejo do conhecimento entre os jovens e a vontade de cooperar com todos a serviço do bem comum, contando com a benéfica compreensão mútua entre a Igreja e o Estado.[1]

Eu me chamo Interhamwe. Bebi um copo de sangue. Eu me chamo Sangue.

---

1   João Paulo II. Discurso para o presidente de Ruanda, proclamado em Kigali, em 7 de setembro de 1990. Citação baseada no livro *Świadkowie Boga w kraju męczeństwa* [Testemunhas de Deus no país do martírio], do bispo Kizito Bahujimihigo. Nessa mesma fonte, leio que, em 1990, Ruanda, «depois de um período de quase cem anos de evangelização, conta com 3,2 milhões de católicos (ou seja, quase 50% de toda a população de Ruanda), 116 paróquias, 538 padres (278 ruandeses e 260 estrangeiros), 1016 religiosas (678 ruandesas e 338 estrangeiras) e 233 frades (151 ruandeses e 82 estrangeiros)», p. 85.

O avião da Brussels Airlines, depois de nove horas de voo vindo da Europa, aterrissa em Kigali geralmente por volta das sete da noite, quando já está escuro. Aeroporto pequeno e abafado, controle de passaportes amigável e eficiente, o primeiro passeio pela cidade, as primeiras impressões, cheiros e cantorias. Ainda não sei muito sobre a terra «das mil colinas e um milhão de sorrisos», além daquilo que encontrei em livros, em relatórios internacionais e no Google. Ainda não me encontrei com os sobreviventes, nem com as violentadas, nem com seus algozes. Nem com os médicos, psicólogos, ministros e juízes da *gacaca*. Não cruzei o Kivu de canoa. Ainda não conheço Leonard. Nem sei como morreu sua mãe.

Primeira noite — na paróquia dos padres palotinos, em Gikondo.

Primeira noite e o dia seguinte — meu primeiro dia em Ruanda.

Primeiras anotações. Depois de uma pequena arrumação, posso resumi-las assim:

Naquele mês de abril, as pessoas vieram correndo para Gikondo (é um bairro de Kigali) e se abrigaram na igreja da paróquia. Quem me conta isso é o irmão Piotr (há mais de vinte anos em Ruanda), palotino, e agora meu esteio em Kigali: cuida para que eu beba água filtrada, coma abacaxis doces e tenha um sono confortável.

A igreja de tijolos, moderna e feia, fica fora do terreno da missão, ao contrário da pequena capela, e em frente de um cercado alto mais perto do asfalto. Aparentemente cabem ali 2 mil pessoas. A pessoa pode entrar e ajoelhar-se no banco de madeira.

Naquele dia, também estavam rezando.

— Estava tendo missa — o irmão Piotr se lembra daquele dia. — Os Interhamwes entraram na igreja.

Com apitos nas bocas.

Começaram a cortar as pessoas.

Nós, os brancos, fugimos.

Voltamos ao anoitecer. A igreja cheia de decapitados.

Tiros na estrada. Fomos de novo para casa.

Voltamos tarde da noite.

Cavamos um túmulo em frente das portas do templo. Tínhamos as pernas bambas.

Mal conseguíamos carregar aqueles corpos.

Enterramos setenta.

Escondi suas carteiras de identidade em casa, no ventilador.

No domingo não houve missa. Porque a igreja tinha sido profanada.

Houve um segundo massacre em Gikondo, três dias depois, em 12 de abril, na terça-feira: logo depois da primeira matança, outros paroquianos chegaram ao terreno da missão. Entraram na pequena capela, na qual todas as manhãs e todas as noites as religiosas adoravam o Senhor. As pessoas ainda acreditavam que os muros santos as protegeriam dos facões? Ou vinham aqui porque não tinham uma ideia melhor de como se salvar?

— Eu dei a eles bananas e água — eram dez, talvez quinze pessoas lá, o irmão Piotr não lembra exatamente.

— Nem para o xixi eles saíam.

A menos que fosse noite.

Ficaram ali em silêncio até terça-feira.

Na terça-feira, de novo os apitos.

Nós, os brancos, nos escondemos na nossa gráfica.

Os milicianos da Interhamwe logo nos acharam. Exigiram as chaves dos carros. Pensamos que eles queriam levá-los.

Mas não.

Tiraram o combustível.

Aproximaram-se da capela.

Estava fechada por dentro.

Quebraram as vidraças das janelas. Derramaram gasolina.

Ficamos olhando o fogo.

No dia seguinte, o irmão Piotr foi embora de Gikondo. Voltou quatro meses depois, no final de agosto.

— Na capela queimada ainda havia ossos no chão. Nós os enterramos. Num pequeno túmulo. Lá. Sem sobrenomes. Não sabemos como se chamavam.

Quem eram aqueles paroquianos queimados na presença dos seus pastores espirituais?

Na capela deles? Nem um nome os sacerdotes conhecem, nem um sobrenome?

Um dos palotinos registrou que conversou com as pessoas acampadas na capela e que tinha visto uma jovem mãe, que havia ficado na sacristia com uma criança.

No relato desse missionário polonês não há nem o nome dessa mulher nem o da criança.

Essa criança pode ser Aurore Kirezi. Hoje, para conhecer seu nome basta um momento. No Kigali Memorial Centre (estive lá na manhã do dia seguinte à chegada de avião), a foto de Aurore até me fere os olhos: de vestidinho branco de babados, olha confiante para alguém que está de pé ao seu lado. Não consigo saber quem era (a mamãe ou o papai?), nem sei dizer como era. A foto foi enquadrada de modo que mostra apenas a criança. Ela sorri, com orgulho dá seus primeiros passos.

Mas, para tentar encontrar o rosto da criança, é preciso ir lá. Quer dizer: é preciso querer ir lá. E ver aquele rosto olhos nos olhos. É preciso dizer a si mesmo: isso também é assunto meu.

Mas para que dizer isso? Para que fazer a si mesmo essas perguntas? Será que o anonimato dos assassinados libera da responsabilidade de olhar passivamente sua morte? Será que a falta de ação foi a permissão para a matança? Para o mal? Será que os missionários, antes do genocídio, fizeram qualquer coisa para impedir que ele acontecesse? Será que a Igreja fez alguma coisa para parar o genocídio? Será que durante décadas não esteve do lado de uns e contra os outros? Será que cada um de nós não separou aqui as pessoas em melhores e piores? Será que naquele mês de abril não poderiam ter se comportado de forma diferente? Será que a Igreja se comportou de forma decente? Será que hoje estamos agindo da maneira correta? Por que não acompanhamos os sobreviventes, quando a cada cerimônia em abril eles recordam o genocídio e choram pelos seus mortos? Por que hoje nós não estamos com eles?

O rosto da pequena Aurore está pendurado agora na parede, no prédio do Centro da Memória, ao lado dos rostos de outras crianças. Estão iluminados com fortes refletores. Eles chamam por mim. Querem que eu olhe para eles. E pergunte o que aconteceu então.

As crianças chamam também pelos padres de Gikondo.

— Eu gostaria de perguntar ao senhor, padre, o que aconteceu naqueles dias em Gikondo?

— E quem está financiando o senhor? — foi assim que respondeu à minha pergunta o missionário Stanisław Filipek. — Quem é que está por trás do senhor?

— Ninguém.

— Alguém deve estar.

— O padre estava aqui na ocasião. Eu gostaria de saber...

— Vou dizer ao senhor sobre o que o senhor deveria escrever. Sobre o complô mundial. E o complô das mídias mundiais. Todos sabiam com antecedência o que ia acontecer em Ruanda. E as mídias sabiam, também na Polônia.

— O padre acredita que a mídia polonesa...

— Quem preparou esse genocídio foi o Ocidente. Já sabiam de antemão a quem acusar depois. A Igreja!

— Mas...

— Por favor, um repórter deveria saber escutar. E saber que a verdade é o mais importante.

A verdade segundo o padre Stanisław Filipek (ele mora em Ruanda até hoje), em resumo, parece ser esta: Ruanda é o país do mundo com maior densidade populacional. E era preciso fazer alguma coisa a respeito disso.

As empresas mundiais que produzem preservativos e os governos ocidentais que representam seus interesses farejaram lucros em Ruanda. Queriam vender aqui o maior número de camisinhas possível. E também de pílulas e DIU. Encontraram oposição. Porque em Ruanda a Igreja católica é forte e seus ensinamentos também. Então, fizeram funcionar a máquina da morte.

Campanhas de vários tipos para usarem métodos contraceptivos.

Quando nem isso deu certo, o mundo imaginou para Ruanda uma solução final. O genocídio.

— Foi um complô — o padre Filipek olha para mim com o olhar de um investigador que pegou um criminoso em flagrante. — E agora vocês estão acusando os pequeninos!

— Eu...

— Faça o favor de escutar! Em Gikondo cortaram fora as orelhas dos homens, arrancaram seus olhos e cortaram fora a genitália. Não pode ouvir, não pode ver e não pode procriar! Só a civilização da morte poderia imaginar uma coisa dessas.

— Mas eu...

— Tudo o que eu tenho a dizer sobre esse assunto daqueles dias em Gikondo, escrevi no livro *To ty, Emmo?*[2] Até logo, senhor.

Conheço esse texto. Foi justamente o padre Stanisław Filipek que viu na capela, um pouco antes de ser incendiada, a jovem mãe que estava sentada com a criança na sacristia.

O padre também escreve: «O *boom* demográfico na África, e particularmente em Ruanda, é visto como uma ameaça para o mundo, enquanto a Igreja, que por sua natureza atua em defesa da vida, torna-se um parceiro incômodo».[3]

---

2   O romance *To ty, Emmo?* [É você, Emma?] foi escrito pelo padre Jacek Waligórski. O texto do padre Stanisław Filipek foi inserido no final, com o título «Zamiast posłowia» [No lugar do posfácio].

3   Stanisław Filipek, «Zamiast posłowia», p. 303.

Nos jardins paroquiais em Gikondo, de vez em quando é abafado. Mas só é preciso sair de lá e se aproximar do asfalto, pegar um mototáxi, correr impetuosamente, sentir a força do vento e respirar fundo, sem pensar em nada.

Agora — pela estrada, a alguns minutos de carro de Gikondo — olho nos olhos calmos de um lavrador comum. Marido e pai de quatro crianças. Ele não mora em casa há quinze anos. Depois do que ele fez, teve de fugir para o exterior. Para a Tanzânia. Lá, depois de alguns anos, o prenderam e ele foi mandado de volta para Ruanda. Foi para a *gacaca* e ganhou uma pena longa.

Pediu perdão e então lhe diminuíram a pena. Vai sair em dez anos. Daqui: da colônia penal de Kicukiro.

Já conversamos durante algum tempo: ela se chamava Emerita e ele Albert, eles tinham dois filhos, o lavrador não se lembra dos seus nomes, uma menina e um menino, parece que cinco e quatro anos, moravam na casa ao lado.

— Matei todos eles a porretadas.

Que pergunta eu posso fazer a ele agora? Qual a aparência de uma clava? Isso eu já sei: um porrete cheio de pregos. Quem foi espancado primeiro? Quem foi o último? E para que eu quero saber isso? Ficamos em silêncio. Ele não diz nem uma palavra e eu não digo nem uma palavra. O silêncio continua e continua. Até que se torna desconcertante, me deixa desconfortável, me embaraça.

— Você dorme bem? — eu lhe faço essa pergunta para falar alguma coisa. Não tenho vontade de escutar a resposta. Mas o lavrador subitamente ganha vida. Vê-se que tem muito a dizer sobre aquele tema. Agora ele dorme muito bem. Mas antes não: qualquer movimento do lado de fora da janela, qualquer murmúrio, um pássaro, tudo despertava o medo nele. Noites insones. Suor gelado. Tremor muscular. Não era de espíritos que o nosso lavrador tinha medo. Não eram as assombrações dos vizinhos que o perseguiam. Não eram as almas das crianças que ele espancou com a clava. Mas os vingadores de Kigali. Era deles que tinha medo. Dos tútsis vivos e poderosos, os soldados da RPF. Das suas carabinas e balas. Era deles que fugia. Então, quando finalmente o prenderam e julgaram, sentiu alívio, tranquilidade e gratidão. Porque ganhou uma certeza: vou viver.

Essa calma nos olhos do lavrador comum me surpreende. Para a consciência, tudo isso parece insuportável. Mas ele está tranquilo, não tenho dúvidas.

— Não fui eu que os matei. Foi Satanás.

Sempre fico em Gikondo quando volto para Ruanda. É minha base em Kigali. A capital está situada no centro do país, daqui é fácil chegar a qualquer lugar. Aqui os palotinos têm quartos baratos e frescos em casas de tijolos semelhantes a barracões, um grande e lindo jardim, o trinado dos pássaros, silêncio e tranquilidade. Apenas ao anoitecer é possível ouvir as cantorias da prisão, que fica atrás do cercado. Quer dizer, atrás de um muro alto. Não dá para ver nada atrás daquelas paredes, o que é a fonte diária da minha frustração profissional: o que está acontecendo lá? Por que essas pessoas estão presas? Como ficam presas? É verdade que as celas são mesmo tão lotadas que não há nem lugar para sentar? Infelizmente, nunca vou conseguir entrar nessa prisão.

E será que vou conseguir conhecer a verdadeira história da paróquia de Gikondo?

O curso daqueles poucos dias de abril? Porque, depois de algum tempo aqui, já sei que as testemunhas falam pouco, de modo superficial e relutante sobre o que aconteceu aqui. Sem entrar em detalhes. Ou adulteram os detalhes, embaralham-nos. Ou não querem falar de jeito nenhum.

Naquela época, a igreja em Gikondo era chamada de paróquia polonesa. Foram os poloneses que a construíram. Ao lado dos palotinos, atrás da cerca, moravam também as palotinas polonesas. No total, doze pessoas. As irmãs dirigiam o centro de saúde (o próprio presidente Habyarimana o inaugurou), e os padres, a gráfica. Também ficava aqui o Centro de Planejamento Familiar.[4] Tudo está funcionando até hoje, embora

---

4 «Essa obra», escreve o padre Franciszek Kania no livro *Rwanda wczoraj i dziś* [Ruanda ontem e hoje], «foi iniciada,

quase não existam mais poloneses em Gikondo. Alguns estão no pequenino cemitério no jardim (lá, onde — anonimamente — descansa também Aurore Kirezi, que morreu queimada). Muitos foram embora: para outra paróquia em Ruanda ou de volta para a Europa.

— Alô, pode falar.

notavelmente desenvolvida em todo o país e dirigida por muito tempo pelo padre dr. Henryk Hoser. Foi ele que, depois de uma profunda análise preliminar da encíclica *Humanae vitae* e da exortação apostólica *Familiaris consortio*, decidiu salvar a honra da Ruanda cristã, prevenindo o desumano assassinato de crianças não nascidas» (p. 110). Henryk Hoser — palotino, passou 21 anos em Ruanda, foi também o assim chamado enviado papal (pela ausência em Kigali de um núncio apostólico). Hoje é arcebispo da diocese do bairro de Praga, em Varsóvia. Eu solicitei uma conversa com o arcebispo. Perguntei sobre a Ação Familiar de Ruanda. Perguntei também se a Igreja em Ruanda favorece os hútus, e por quê. A posição da Igreja católica ruandesa poderia ter incentivado o genocídio? O que aconteceu em abril de 1994, em Gikondo, que o senhor bispo conhece tão bem? Os palotinos que lá moravam poderiam ter se comportado de forma diferente? Poderiam ter se comportado de forma diferente quando voltaram da fuga? Os padres católicos participaram do genocídio de 1994? Nos anos 1990, houve em Ruanda um ou dois genocídios? A Igreja católica nega o genocídio de 1994? O que o padre sabe sobre a ocultação por parte do Vaticano dos clérigos genocidas? O senhor arcebispo ajudava na evacuação deles de Ruanda? Por que o padre já não vai a Ruanda? Sua Eminência respondeu durante 25 minutos (esse foi o tempo que destinou para a conversa sobre o genocídio de Ruanda) e no fim exigiu: «Mas, no livro, por favor, não me cite».

— A irmã poderia falar comigo sobre aqueles dias em Gikondo?

— Está fora de questão — diz Elżbieta Szwarc, hoje em dia trabalhando na Polônia, na residência do bispo do bairro de Praga, em Varsóvia.

— Dizem que a irmã foi um anjo lá, dava de beber aos agonizantes.

— Sobre Ruanda eu não vou falar.

Naquele sábado, em Gikondo, em 12 de abril, desde o amanhecer, as pessoas estavam se escondendo na igreja e nos prédios ao lado. Sabemos disso, por exemplo, pelo texto do padre Stanisław Filipek: «A população que se sentia ameaçada, principalmente os tútsis, começou a fugir ou a procurar abrigo na paróquia. Todas as dependências paroquiais estavam repletas de gente».[5] Porque, no dia anterior, os Interhamwes estavam revistando todo o bairro, rua por rua, casa por casa. Encontravam os tútsis — degolavam. Revistavam também as casas dos hútus, para se certificarem de que nenhum traidor estava escondendo uma barata. As pessoas sabiam o que estava começando, porque não foi nem uma nem duas vezes que os Interhamwes mataram tútsis. A última vez tinha sido em fevereiro — quarenta

---

5   Filipek, op. cit., p. 290.

pessoas. Dezoito crianças então ficaram órfãs pelas suas mãos. Não sentiram saudades da mamãe e do papai por muito tempo. Um mês e meio. Os assassinos os encontraram todos na escola. E os degolaram. Na quinta-feira, 8 de abril. Então, da quinta até o sábado, vieram correndo muitos tútsis assustados de todas as redondezas. Os padres sabiam o que estava por vir e de noite deixaram os portões abertos.

Os relatos daquilo que então ocorreu aqui são divergentes. O general Roméo Dallaire, canadense, então comandante das forças da ONU em Ruanda (Unamir), afirma que as pessoas não foram para a igreja por sua própria vontade. De noite, a gendarmaria foi de porta em porta. Verificaram os documentos, e assim os tútsis foram selecionados — homens, mulheres e crianças — e levados para a igreja.

Os padres e dois soldados da Unamir (moravam no terreno da congregação), «alarmados com os gritos, imediatamente chegaram correndo às portas da igreja. E foram detidos na entrada. Foram espremidos contra a parede e puseram-lhes os canos das armas nos pescoços. E foram obrigados a assistir como os gendarmes tiravam as carteiras de identidade das pessoas e as queimavam. E depois cumprimentavam os Interhamwes e passavam para eles as vítimas prontas para serem assassinadas».

Assim, parece que tudo aconteceu de noite. O general Roméo Dallaire não estava então em Gikondo. Ele conhece de segunda mão o curso dos acontecimentos no terreno da igreja. Do seu relato, resulta que o pior ocorreu no interior do templo: «Eles corriam de banco em banco, agitando os facões. Alguns morreram na hora, e outros, cruelmente mutilados, imploravam pela própria vida ou pela vida dos filhos. Ninguém foi esquecido. Arrancaram fora as vísceras de uma mulher grávida, tiraram dela seu feto. As mulheres sofreram tormentos singulares. Os homens eram golpeados na cabeça. Morriam imediatamente ou estertoravam em lenta agonia. As genitálias eram os objetivos preferidos dos carniceiros. Nenhuma misericórdia, hesitação, nenhuma compaixão. Padres e soldados da Unamir com os canos das armas nos pescoços, lágrimas nos olhos e o grito dos moribundos nos ouvidos, pediram pela vida das vítimas aos gendarmes. Nisso os gendarmes, cutucando com os canos das armas, levantaram as cabeças deles. Para que pudessem ser testemunhas melhores do horror».[6]

O general Roméo Dallaire se engana pelo menos em alguns detalhes. Tal como o irmão Piotr, cujo testemunho eu anotei pouco depois da minha chegada à Ruanda. Dentro da igreja não havia cadáveres. E, com certeza, a igreja não estava cheia deles. Porque as pessoas foram assassinadas na frente do prédio. E isso à luz

---

6 Roméo Dallaire, *Shake hands with the devil* [Aperte a mão do diabo], p. 280.

do dia, até o meio-dia, não de noite. Sabe-se disso pelo relato escrito pelo padre Stanisław Filipek: «De manhã cedo, em Gikondo, como de costume havia sido rezada a Santa Missa na igreja, que estava quase inteiramente repleta de pessoas. Depois da Santa Missa, tiveram início a adoração do Santíssimo Sacramento e as confissões. Nesse meio-tempo, ouvimos tiros e pela porta da entrada da igreja caiu um homem baleado que não conhecíamos, e depois o exército invadiu a igreja. Todos começaram a fugir em direção ao altar, em cujo ostensório estava exposto o Santíssimo Sacramento. O exército forçou todo mundo a sair da igreja».[7]

O padre Stanisław Filipek, antes de terminar nossa conversa, disse ainda uma frase importante:

— O Santíssimo Sacramento estava exposto na igreja, então as pessoas foram levadas para fora.

Então?

Então era disso que se tratava, de não assassinar na frente do Santíssimo Sacramento, mas do outro lado das portas? Lá Cristo não veria aquilo? Quem negociou isso com os assassinos? O padre Filipek termina a conversa:

— Escrevi tudo no livro *To ty, Emmo?*.

Texto do padre Filipek: «Os soldados que estavam agrupando as pessoas na frente da igreja começaram a

---

[7] Filipek, op. cit., p. 291.

se retirar, e daí grupos furiosos da Interhamwe começaram a pular o cercado da nossa propriedade e a rodear por todos os lados as pessoas agrupadas em volta da igreja. Iniciaram-se um grande pânico e a fuga. Todo mundo tentava se esconder em algum lugar. Agarrei um menino, mas eles me empurraram e, quando caí no chão, ele me foi arrancado da mão. Fui inundado por um grande terror, não tive coragem de voltar para a igreja, onde estava exposto o Santíssimo Sacramento. Desesperado, fui me arrastando até o terreno da nossa casa. Enquanto isso, em volta da igreja começou a matança dos inocentes, também das crianças. Durou mais de duas horas. Chegavam até nós apenas os gemidos, o que aumentava ainda mais nossa apreensão sobre o que ia acontecer conosco».[8]

Tudo isso foi visto por dois soldados da Unamir. O general Dallaire não cita seus nomes. Mas eu já sei quem são.[9] São poloneses. O primeiro se chama Jerzy Mączka

---

8 Ibid., p. 292.
9 Em Ruanda, havia naquela época cinco soldados poloneses da ONU. Voaram para Kigali diretamente do Camboja, em novembro de 1993, meio ano antes do genocídio. Juntaram-se às forças da Unamir, que deveriam supervisionar o cumprimento das resoluções do acordo de paz de Arusha. Três dos cinco soldados poloneses da ONU moravam em Gikondo. Cheguei inclusive a visitar o terceiro. Ele se chama Jerzy Bajer, é nosso embaixador na Tailândia. Visitei-o em Bangkok. Ele foi embora de Ruanda antes que o genocídio

e mora agora em Oxford. Em breve vou lá visitá-lo. O segundo mora em Cracóvia. Chama-se Ryszard e é um coronel aposentado. Hesita, não tem certeza se quer conversar sobre Gikondo. Mas para quê? E quem está por trás disso? Pede-me que — concordando ou não com a conversa — seu nome não seja revelado no livro.

Sobre os canos das armas nos pescoços dos poloneses escreve também Linda Melvern,[10] pesquisadora do genocídio ruandês: dessa maneira foram obrigados a olhar como os Interhamwes empurravam as pessoas para fora da igreja e as assassinavam.

— Isso é uma balela — diz o militar de Cracóvia, quando, por fim, se decide a conversar. E liga para o colega em Oxford. — Você se lembra, Jurek, de que alguém tenha colocado os canos das armas nos nossos pescoços? Será que eu apaguei isso?

— Balela.

Do Santíssimo Sacramento, os dois se lembram.

Testemunho de Jerzy Mączka. Naquela noite de abril, na paróquia em Gikondo, quase ninguém estava dormindo (os soldados poloneses já havia alguns meses

---

começasse, não participou dos acontecimentos em Gikondo, portanto nossa conversa não lhe diz respeito.

10   Em *Conspiracy to murder. The Rwandan Genocide*. [Conspiração para matar. O genocídio de Ruanda].

moravam nas casas de tijolos em forma de barracões). Todos sabiam sobre o avião do presidente derrubado a tiros, sobre os corpos nas ruas da capital e sobre os paroquianos amedrontados na igreja. Dava medo de transitar do outro lado da cerca. Além disso, no cercado estavam sentadas pessoas com apitos. E elas observavam o que estava acontecendo no terreno da missão e da paróquia. Chamaram os colegas. Os militares poloneses não tinham armas. A ordem do quartel-general recebida pelo radiofone dizia assim: sentar e esperar. Então, ficaram esperando.

De manhã, como sempre, tomaram o café da manhã com os padres. Daquela vez não falaram nem sobre os judeus nem sobre a maçonaria (dizem que esse costumava ser o tema das discussões sacerdotais). Conversaram sobre o que estava acontecendo na cidade. E que não se deveria interferir. Isso não é assunto nosso, não é nosso negócio.

Mas o Santíssimo Sacramento sim. Está na igreja. Ameaçado. Rogamos Tua proteção, Pai do céu! Não importa o que aconteça por lá, não se pode aceitar sua profanação. É preciso salvar o Santíssimo Sacramento! Mas o que fazer para salvar as pessoas — sobre isso, segundo Jerzy Mączka, os padres não falaram nada durante o café da manhã.

Por quê? Porque as vítimas eram tútsis e os assassinos, hútus?

Os padres tomaram a decisão: vamos salvar Cristo, que sofreu por nós! Santo anjo do Senhor, meu zeloso guardador. Um dos palotinos, Henryk Pastuszka, vestiu os trajes litúrgicos. E saiu em direção à igreja. Junto com ele — o padre Stanisław Filipek. E dois soldados poloneses. Junto à entrada do templo, viram um gendarme. Ele estava verificando os documentos das pessoas. E os rasgava. O padre Pastuszka entrou no prédio. O padre Filipek ficou junto à porta. Ele falava — em kinyarwanda — com o gendarme. As pessoas apavoradas continuavam a sair da igreja. Como se alguém os tivesse empurrando de lá. Entregavam suas carteiras de identidade calmamente, sem nenhum grito, sem implorar pela vida. E já deviam saber o que as esperava. Ou talvez ao contrário — de modo algum esperavam por aquilo. Ficaram agrupados, sem se mover.

Lá do cercado os Interhamwe olhavam para elas. Excitados, apitavam, de vez em quando gritavam, atiçavam-se mutuamente para aquilo que estava prestes a acontecer. O sol de antes do meio-dia queimava. O padre Filipek pediu aos militares poloneses que fossem se afastando a passos lentos em direção à casa. Porque eles despertavam a agressividade dos gendarmes. E assim eles fizeram. Ficaram atrás do cercado, no terreno da missão, a algumas dezenas de metros da entrada da igreja, e de lá olhavam para o que acontecia. Finalmente o padre Pastuszka saiu da igreja. Com o ostensório bem elevado nas mãos, saiu a passos rápidos em direção à casa dos religiosos. E atrás dele ia o padre Stanisław Filipek.

— Sou um sapador — diz Jerzy Mączka depois de dezesseis anos. — Lembro-me de cada detalhe.

O Santíssimo Sacramento foi salvo. Os padres se juntaram aos seus confrades e se fecharam em casa. Com certeza rezaram. Por quem? Pelo quê? A quem perguntar isso?

— O senhor gostaria de falar um pouco sobre Gikondo, padre?

— Com relutância — diz o padre Henryk Pastuszka, aquele que, naquela ocasião, segurava nas mãos o ostensório. Depois saiu da congregação dos palotinos e hoje é um padre diocesano. Mora na Bélgica.

— Vou pegar um avião até aí, padre. Eu gostaria...

— O senhor gostaria de escrever a verdade. Mas não há do que se vangloriar.

Jerzy Mączka também não sabe a intenção das preces dos padres na ocasião. Embora desse uma passada na casa deles de vez em quando. Contava a eles o que estava acontecendo na frente da igreja.

— Eles estavam lendo o breviário e fingiam que não me escutavam.

Jerzy Mączka ficou junto ao cercado que separava o terreno da missão da praça em frente a igreja. Era uma tela de arame fixada numa elevação do solo. Podia se esconder atrás dela e de lá olhar.

Os caçadores da Interhamwe pularam o cercado. Matem! Matem todos! Matem os grandes! Matem os pequenos! Começou a caçada, a perseguição furiosa, o clamor dos algozes e o lamento das vítimas. As vítimas finalmente saíram do lugar. Finalmente extraíram de si a voz do horror. Uivavam como animais encurralados. Fechados na armadilha. Corriam em volta. Sem nenhuma chance. Já tinham compreendido que dali não havia saída. Matem as cobras! Os facões se moviam. Feridas de cortes, feridas de talhes. Matem as baratas! Cortes, cortes, cortes. O barulho de uma cabeça partida ao meio soa como o barulho de um repolho partido em dois. O primeiro, o décimo, o vigésimo. Dava para ouvir muito bem, mesmo de longe. Mas a barriga dilacerada abre-se em silêncio. E em silêncio queima o fogo no corpo torturado: três assassinos derrubaram uma menina. Eles ficaram enfiando um cassetete nela até que ela parou de se mexer. Ainda estava viva quando colocaram galhos secos em cima dela. E quando tocaram fogo nela. Estava viva ainda depois, quando se fez silêncio em volta da igreja.

— O corpo dela todo cor-de-rosa — aquela agonia Jerzy Mączka nunca vai esquecer. Mas gostaria. Era um soldado e não fez nada.

Assim como seu colega — o militar de Cracóvia — não

vai esquecer a agonia de um menino. Cinco anos de idade, não mais que isso. O crânio rachado ao meio e os olhos negros surpresos ainda procuravam socorro. Ou esclarecimento: quem fez isso comigo e por quê? O menino não chorava, já não tinha forças para nenhum murmúrio. Para nenhum movimento. O militar polonês (em Cracóvia esperava por ele o filho da mesma idade) pegou a criança no colo e trouxe para a sombra — no interior da igreja. E lá o deixou. Não ficou segurando a mão do menino, não esperou até que morresse.

— Eu tinha estudado gestão de conflitos — diz hoje, em Cracóvia. — Eu sabia que não podia fazer-lhe companhia, eu não podia sucumbir às emoções. Porque Ruanda me mataria imediatamente. Eu estaria atacando a socos os assassinos. Eu o deixei com aquelas mulheres.

Aquelas mulheres?

Outra imagem que o militar polonês até hoje não consegue apagar: junto à entrada da sacristia, no chão, jovens mulheres meio mortas. Em pegajosas poças vermelhas. Logo estarão agonizando. Mas antes que isso aconteça, uma delas se levanta um pouco e com o resto de suas forças tenta rolar para cima do corpo de outra mulher. Como se quisesse protegê-la. Ou estar perto dela no momento do último suspiro. Talvez sua irmã, talvez sua amiga? A mulher esmorece. Não consegue. O corpo ao lado é uma grande montanha que já não é possível escalar. Mas ela ainda não desistiu, ainda luta, ainda tenta subir. Nisso, a outra, no seu último sinal de vida, pede para que não faça isso. Para que a deixe ir em paz.

Talvez tenham sido seus cadáveres que o irmão Piotr viu na igreja quando caiu a noite.

— Fui até as irmãs — Jerzy Mączka ainda se lembra do que aconteceu no dia seguinte. — Disse a elas que se mexessem. Que trouxessem água e dessem de beber aos agonizantes.

O estado de três dos feridos dava sinais de esperança de sobrevivência. Era preciso ajudá-los.

— Fui até os padres — diz Mączka. — Mas eles não tinham intenção de pôr o pé fora de casa. Eu disse a Filipek: venha, Staszek, temos feridos, venha nos ajudar a fazer curativos neles. Daqui a quinze anos, alguém vai perguntar como é que você se comportou hoje, vou tirar uma foto sua, vai ser bem oportuno. Você vai poder se vangloriar.

Hoje Jerzy Mączka mostra a foto. E o padre Stanisław Filipek escreve: «Não vou me esquecer, como no canto do pátio, embaixo da cobertura, fiz curativos em Emmanuel de Gikondo».[11]

Quando fizeram pelos vivos aquilo que dava para ser feito, os militares poloneses começaram a andar entre os

---

11   Filipek, op. cit., p. 292.

corpos mortos. Ainda com sol forte.

— Eu falei para o Filipek: — Jerzy Mączka relata detalhe por detalhe — me mande aqui seus cozinheiros para eles cavarem um buraco. Porque, se não fizermos isso logo, amanhã é que ninguém vai conseguir obrigar a gente a fazer isso.

O fedor aumentava minuto a minuto.

Os cães se aproximavam do cercado.

Eu ia juntando os corpos, arrastando pelas pernas.

Por que hoje eu teria de me calar sobre isso?

Vou viajar para lá.

Eu me lembro de cada detalhe. De cada passo nosso. Também de cada palavra com que alguém ousou quebrar o silêncio.

Será que Jerzy Mączka vai voar para Kigali? Voltar para Gikondo?

Vai ter coragem? Vai até a praça na frente da igreja?

Por enquanto eu vou para Butare (todo mundo junto no ônibus, todos em permanente contato, corpo contra corpo). Na universidade conheço Leonard. De lá vamos juntos para os lados onde morava sua família. Paramos na pousada suspensa no alto penhasco, acima das águas do Kivu. Ao lado fica a igreja de pedra. Seus portões estão abertos.

— Saia! — a voz masculina é firme. — Vá embora! Vá!

— Me perdoe! — a mulher chora. — Por favor, me perdoe.

— Venha, anjo Gabriel! — agora algumas vozes femininas.

— Jesus! Jesus! Jesus!

— Peça perdão! — ordena o padre.

— Me perdoe! — a mulher obedece, geme, se engasga, cospe. Eu e Leonard vemos que ela está deitada num colchonete, no nicho do lado esquerdo do altar. O nicho está oculto por uma cortina de tecido grosso que, no entanto, não alcança o chão, porque é curta demais. Então, de joelhos, temos uma visão perfeita. A mulher rola, chuta e se contorce. Tem o rosto molhado mais de suor do que de lágrimas. Ou de água-benta, porque acabam de derramar nela o conteúdo de uma grande bacia de plástico. Deparamo-nos com os exorcismos. Em Kibuye, na igreja que fica no alto penhasco, onde naquele abril, num dia, assassinaram 11 mil pessoas. Deparar-se em Ruanda com a expulsão do diabo não é, aparentemente, algo incomum. Como se sabe, Satanás mora aqui em todos os lugares. É claro que, antes de tudo, ele mora nas pessoas, algumas delas até estão convencidas de que há mais diabos aqui do que em qualquer outra parte do mundo.

Afinal, o genocídio foi fruto de um pacto com o diabo. Quanto a isso, a maior parte de Ruanda não tem dúvida.

— Em nome de Jesus Cristo, eu lhe ordeno! Saia!

A mulher que está deitada no piso da igreja rompe agora num riso alto ensandecido. Nisso, as ajudantes do exorcista chamam ainda mais alto: Jesus! Jesus! Jesus!

— Mas será que não podiam ter chamado um médico? — evidentemente, Leonard pensa que estamos vendo um caso de loucura e não de possessão. Mas ele não tem razão, pois o sacerdote com certeza verificou antes se se tratava de doença psíquica ou de um espírito mau no corpo humano. Esse teste rápido é o ABC dos exorcismos.

— Quantos são vocês? — pergunta o exorcista.

— A quem você pergunta? A mim ou a essa que está deitada aqui?

— Quem é você? — o exorcista interroga.

— Eu me chamo Interhamwe.

Não sabemos se hoje houve aqui exatamente esse diálogo, porque entramos na igreja já no processo de expulsão do Anticristo. Mas o padre Stanisław Urbaniak tem essa experiência. Palotino e missionário polonês (na África há trinta anos). É exorcista. Algum tempo depois, ele me conta: primeiro precisamos perguntar quantos eles são e quem são.

— Eu me chamo Sangue — e o padre Stanisław se lembra dessa resposta. — Porque bebi um copo de sangue da primeira pessoa assassinada por este que está deitado aqui.

O missionário polonês conta coisas interessantes: que não devemos mandar o Maligno de volta para o inferno, ele não quer voltar para lá, esse é o pior endereço para ele, porque lá até ele é maltratado; que é preciso mandá-lo aos pés de Jesus ou aos pés da cruz, para que Jesus disponha dele; que é melhor santificar a água para o demônio no rito antigo, com sal, pois essa água queima o Anticristo; que há muitas possessões em Ruanda, mas que há mais ainda no Congo, lá até crianças de dez anos são satanistas, eles se alimentam de corpos humanos, cozinham-nos com vegetais, pimenta e sal; que o Kivu é um lago satânico; as mulheres daqui andam perto das suas águas e cometem adultério com o diabo, que na hora da relação assume o corpo humano. E assim por diante. E, ainda, que a nação ruandesa é amada por Deus.

— Por quê?

— Porque é um país tão pequeno — diz o padre Stanisław — e tem dois santuários. Em Kibeho e em Ruhango.

O Santuário de Jesus Misericordioso na localidade de Ruhango foi construído alguns anos antes do genocídio pelo próprio padre Stanisław Urbaniak. Sabe-se que, naquele mês de abril, ele foi o único dos inúmeros missionários europeus que não se mandou de Ruanda nos primeiros dias do genocídio. Sabe-se que seus irmãos de Gikondo, na maioria poloneses, também partiram. Mas ele não. Ficou no país, no seu santuário de tijolos. Sabe-se que em 21 de abril vestiu a alva, pegou nas mãos a pesada escultura de Nossa Senhora de Fátima e assim paramentado discursou para aqueles que vieram degolar os que estavam escondidos nos prédios da paróquia: eles são seus irmãos! Vocês não devem matá-los!

Nisso, os Interhamwes empurraram o padre na lama e enfiaram nos caminhões o resto das pessoas. E as transportaram para a morte. Sabe-se que não acharam todos. Que muitos se esconderam na paróquia em vários cômodos, nos recantos e armários dos padres.

A maravilhosa função dos armários! Quantos armários na história mundial salvaram os perseguidos! Do tiro, do fogo, do gás, do facão. Quantas existências um armário salvou! Onde estão agora todos aqueles armários? Quem se lembra desses armários? Dos armários salvadores? Dos Armários Justos entre os Móveis do Mundo? Quem escreveu sua história? Quem registrou a sorte de cada armário separadamente? O armário deveria receber monumentos, cânticos de louvor, poemas de gratidão e arvorezinhas plantadas em sua memória.

Mas o padre Stanisław Urbaniak também merece um monumento. Porque não foi embora. De nada adiantariam os armários na sua casa se não fosse ele.

— Eles são seus irmãos — disse para aqueles que vieram degolar. — Vão embora! Em nome de Jesus Cristo eu lhes digo: vão embora!

Havia padres católicos que morriam junto com seus fiéis. Morriam por eles. Mártires. Sobre esse exemplo, conta-nos uma mulçumana que foi violentada na frente dos seus filhos e hoje está infectada com o vírus do HIV. Na ocasião, ela se abrigou na igreja em Mukarange. Era um domingo, dia 10 de abril. Lá estavam dois sacerdotes: Jean Bosco Munyaneza e Joseph Gatare. Para cada um que vinha à igreja pedir auxílio, eles davam um seixo.

Depois eles juntaram os seixos e os contaram: 10200. Esse não era um número fixo, porque as pessoas vinham e iam. Mas os padres não, embora muitas vezes tenham tido oportunidade de fugir. Além disso, o padre Jean Bosco não precisava fugir. Ele era hútu. Podia ficar do lado dos assassinos, em vez de conseguir comida para as pessoas. Podia entregar os fiéis, em vez de protegê-los.

Estava protegendo. Mas não deu conta. Primeiro os gendarmes andaram entre as pessoas. Verificaram se alguém tinha arma. Depois atiraram para o ar. Esse era o sinal para a Interhamwe: as baratas estão desarmadas, prontas para os seus facões!

— A morte está chegando — anunciou um dos padres. — Aqueles que não foram batizados, que venham agora se batizar. Aqueles que viveram em pecado, que se casem agora.

O próprio prefeito da região veio com sua seção da Interhamwe.

Jogaram gás lacrimogênio nas pessoas. O padre Gatare tentou se abrigar nas irmãs, ao lado. E lá o agarraram. E logo depois o padre Jean Bosco Munyaneza.

— Como castigo — diz aquela que viu a morte do sacerdote. — Teve sorte, porque morreu baleado. Puxaram o corpo dele pela terra, emporcalharam na lama.

Jerzy Mączka embarca no avião, no aeroporto de Heathrow, faz uma conexão em Bruxelas e perto das sete da noite aterrissa em Kigali. Eu o pego no aeroporto. Primeira noite, depois de dezesseis anos, em Ruanda. O mesmo quarto daquela ocasião, em Gikondo.
— Venha — ele me diz.
— Mas já?
— Vamos.
— Está escuro.
— Mas que cheiro gostoso. Diferente de antes.
— Aqui?
— Daqui eu vi quando tocaram fogo no seu corpo estuprado com um cassetete.
— Naquela que ainda estava viva?
— Ela olhava para mim, nua. Eu não fiz nada. Linda. Não ajudei a deusa sem pele. Eu não tinha uma arma. Cor-de-rosa. Em volta dela, havia cadáveres em todos os lugares.
— Aqui?
— E aqui, e ali, e lá. Crianças enrijecidas, frangos congelados.
— Aqui fica o túmulo.
— Carregamos os corpos para cá. O dia todo. Eu

escorregava nos cérebros. Eu estava profanando aqueles cadáveres. Eu vomitava neles. Não tinha jeito.

— Seu colega o ajudou?

— Sim, o quanto pôde.

— E os padres?

— Ficaram olhando. O Piotr ou o Filipek me deu uma bebida alcoólica.

— Ficaram olhando muito tempo?

— Um pouco, porque ainda estava muito quente. E nós carregamos corpos até o anoitecer.

— O irmão Piotr diz que ele também carregou.

— Ele os jogava no túmulo. De noite, quando eu já estava caindo de cansaço.

— Sim, ele diz que foi de noite.

— Ainda durante o dia, vi um intestino. Embora, no começo, eu não tivesse certeza.

— E...?

— Comprido, vinte metros de comprimento.

— Vinte metros?

— Estava estendido por aqui. Até na salinha da catequese. E aqui estava deitado o seu dono.

— Morto?

— Vivo. Ficamos pensando, Rysiek e eu, no que fazer... Enrolar aquele intestino para ele?

— E aí?

— Um de nós falou que não era nada higiênico enfiar dentro de alguém um intestino sujo de terra daquele jeito.

— O que aconteceu depois?

— De noite os cozinheiros cobriram o túmulo com terra. De manhã os colegas do quartel-general também nos levaram de lá. Os padres se recusaram a sair.

O dr. Naasson Munyandamutsa, médico psiquiatra, trabalha no seu consultório perto da paróquia de Gikondo. É proveniente de Kibuye, perdeu muitos familiares lá, conhece muito bem a história da igreja no penhasco alto. E sabe o que aconteceu depois. O Estado e as associações de sobreviventes queriam construir um museu da memória na igreja. Porque ali executaram um homicídio sem precedentes. Isso significaria que o prédio da igreja jamais desempenharia funções religiosas de novo. As hierarquias católicas não concordaram com aquilo. Queriam que a igreja continuasse a ser uma igreja.[12] Então, mandaram os

---

12 Houve acordo em relação à dessacralização da igreja na localidade de Nyamata, na qual foram assassinadas algumas dezenas de milhares de pessoas. Eu visitei esse lugar. Konrad Karpieszuk me exime da obrigação de descrevê-la (no seu blog «Konrad jest w Rwandzie» [Konrad está em Ruanda]: <http://konradjestwrwandzie.wordpress.com>). É um jovem informático polonês, que trabalha em Ruanda como voluntário: «Um frescor e uma luz delicadamente empalidecida. Ao longe, o altar coberto com uma toalha e à sua direita o tabernáculo numa elevação. Dos lados e no meio, fileiras de algumas dezenas de bancos, nos quais parece que as pessoas ainda estão sentadas. Acima de nós, que maravilha!, o céu estrelado.

assassinos limparem as paredes, incensaram-nas, rezaram as orações apropriadas, e o templo novamente estava pronto para o uso.

Hoje, na entrada, vê-se apenas um monumento, o túmulo sob a laje de concreto e acima dela o mostruário cheio de tíbias e crânios. E, no interior da igreja, aqueles que naquela ocasião deceparam aquelas cabeças. Agora se ajoelham diante do altar e fervorosamente louvam o Senhor Jesus oculto no Santíssimo Sacramento.

Difícil não concordar com o doutor psiquiatra. Pode-se até dizer isso de forma mais enfática: nas igrejas de Ruanda, os fiéis não sabem o que fazem. Mas — com a ajuda dos missionários e do clero local — louvam o Maligno. Continua a adoração contínua e silenciosa: Ó Maligno! Louvado sejas, Maravilhoso Médico da consciência! Curador das almas! Imensa é a minha gratidão, Senhor, por não abandonares o homem nem

No entanto, de pronto, ficamos chocados com a parte laica da decoração interior. Algumas dezenas de bancos estão completa e constritamente ocupados, de modo que ninguém pode sentar neles, e estão cobertos com pilhas de trinta, quarenta centímetros de roupas há muito tempo ressecadas e endurecidas. Sujas de sangue coagulado. Tão sujas quanto a toalha do altar, outrora branca e agora bordô; que está tão suja quanto agora está a toalha sob o tabernáculo. Na parede de trás da igreja, estão amontoadas as roupas que não couberam nos quilômetros de bancos. Não dá para contá-las. As paredes salpicadas de respingos de sangue. O céu estrelado acima de nós é o teto da igreja esburacado por milhares de estilhaços de granadas».

por um momento. Satanás! Satanás! Mesmo que não existas — perdoa minha fraca fé —, como é bom se iludir, achando que existes! Ó Lúcifer! Eu Te agradeço, porque, por tudo que fiz, posso agora culpar-Te. Tudo o que fizemos aos nossos irmãos e nossas irmãs, Tu cometeste. Aqueles litros de sangue derramado, de esperma infundido e de lágrimas extravasadas. Ó Senhor da Escuridão! Cada golpe de facão na nuca hoje já não significa nada. Grande louvor e graças a Ti. Porque Tu fizeste com que eu ainda não tenha perdido a razão. Graças a Ti eu ainda respiro. E não sinto medo. Louvor e glória a Satanás!

Parece que, graças ao Maligno, a Igreja pode perdurar aqui e fingir que nada aconteceu. Graças ao Maligno, a Igreja ainda não se desintegrou em Ruanda. Só existe um problema: quando algum assassino se engaja na adoração a Satanás com demasiada intensidade. Quando o glorifica de forma por demais evidente, por demais legível. Então, não tem jeito. É preciso mostrar que a Igreja é contra o Maligno — os sacerdotes locais oficiam exorcismos. Não se escondem para isso. Ao contrário, qualquer um pode entrar na igreja e ver como lidam com o diabo, como derramam no pobre coitado a água de uma bacia de plástico e pronunciam esconjuros de acordo com o rito. *Apage, Satanas!* Xô! Xô! Xô! E acabou o problema. O Anticristo foi expulso.

— Os exorcismos — diz o médico psiquiatra — são uma fraude da Igreja. Os exorcismos existem «em vez de».

Isso que o doutor fala é claro para todos aqui: alguns padres se comportaram naquela época como seres humanos. Mas alguns, como diabos. Alguns simplesmente se acovardaram e não fizeram nada. Outros (nem um, nem dois) foram solícitos: indicavam aos assassinos os esconderijos ou os ajudavam a tirar da multidão aqueles que figuravam nas listas da morte. Como o padre Wencelas Munueshyaka, da paróquia de Sagrada Família, em Kigali. Ficava andando pela igreja repleta de tútsis paralisados de medo, vestido com um colete à prova de balas e com uma pistola na mão. Mais tarde foi acusado de participação no genocídio e também pelo estupro de mulheres e condenado à prisão perpétua. *In absentia*, porque se abrigou na França, que continua negando sua extradição. Havia também aqueles sacerdotes, como o nacionalmente famoso padre Athanase Seromba. Na paróquia de Nyange, o padre conclamou seus fiéis da Interhamwe para a demolição da sua própria igreja com uma escavadeira. Com seus paroquianos trancafiados dentro dela. Dizem que gritou para os assassinos: faxinem esse lixo!

«Não se pode considerar que a Igreja como tal seja responsável pelos pecados dos seus membros que agiram em desacordo com o Evangelho», escreveu João Paulo II para os ruandeses, dois anos depois dos acontecimentos. «Eles deverão ser responsabilizados pelos seus atos. Todos os membros da Igreja que cometeram pecados durante o genocídio devem corajosamente assumir as consequências dos atos que perpetraram contra Deus e contra o próximo.»[13]

O padre Athanase Seromba fugiu para o exterior logo depois que, usando a escavadeira, enterrou seus paroquianos. Então, o Tribunal Internacional em Arusha expediu um mandado de prisão contra ele. Mas as autoridades da Itália e do Vaticano, onde o procurado se escondeu, negaram-se a entregar o padre.

Por fim, embora tenha se passado algum tempo, o próprio sacerdote assassino decidiu voltar para a África e comparecer perante o tribunal em Arusha. Ele quis

---

[13] Cito baseado no livro de Luigi Accattoli, *Kiedy papież prosi o przebaczenie* [*Quando o papa pede perdão*], p. 195. Esse não foi o primeiro depoimento de João Paulo II sobre o tema do genocídio em Ruanda. Em 15 de maio de 1994 — cito igualmente baseado em Accattoli —, o papa disse: «Isso é um verdadeiro genocídio, pelo qual, infelizmente, também os católicos são responsáveis. Todos os dias eu vivo com essa nação sua agonia e gostaria de apelar para todos aqueles que planejam esses massacres e os executam. São eles que empurram esse país para o abismo. Todos responderão por seus crimes perante a história, e, antes de tudo, perante Deus. É preciso pôr um fim ao derramamento de sangue! Deus espera pelo despertar moral de todos os ruandeses, que, graças à ajuda das nações amigas, precisam encontrar coragem e construir uma nova fraternidade» (p. 193).

«dar o testemunho da verdade que vence». Foi condenado à prisão perpétua.[14]

E o que aconteceu com os outros?

— Nada — diz o psiquiatra. — Os clérigos católicos em Ruanda não planejam confrontar-se com o passado recente. Não querem analisar sua participação no

---

14   O prof. Timothy Longman, coordenador dos Estudos Africanos da Universidade de Boston, informa, baseado em dados da Agence France Presse — no livro *Christianity and Genocide in Rwanda* [A cristandade e o genocídio em Ruanda] —, nomes completamente diferentes para os clérigos católicos de Nyange, que durante o genocídio incitaram os assassinos a destruir a igreja com escavadeiras: Jean-François Kayiranga e Eduoard Nikurikiye. A corte ruandesa, como escreve Longman, condenou os padres à morte no ano de 1998, ou seja, antes ainda de inaugurarem os tribunais *gacaca*. Sobre o padre Athanase Seromba escrevem numerosas fontes, entre elas James M. Smith e Carol Rittner, em Carol Rittner; John K. Roth; Wendy Whitworth (eds.), *Genocide in Rwanda. Complicity of the Churches?* [Genocídio em Ruanda. Cumplicidade das Igrejas?]: «Aparentemente, ele cooperou com o exército e a milícia que jogaram granadas pelas janelas da igreja, mutilando dessa forma centenas de pessoas. Quando a tentativa de incendiar a igreja não deu certo, alguns refugiados subiram à torre da igreja, para fugir da fumaça e das chamas. O padre Seromba chamou os assassinos: faxinem esse lixo! Vieram as escavadeiras e puseram a igreja por terra, sepultando milhares de vítimas» (p. 196). As informações sobre o mandado de prisão contra o padre Seromba, sobre a reação da Itália e do Vaticano e sobre a sentença proferida são dadas com base no serviço de notícias da Agence France Presse, de 13 de março de 2008.

genocídio. Não querem enfrentar o fracasso da sua cruzada, missão e evangelização centenárias. E seu imenso pecado. Preferem propagar a magia. Exorcismos. Não tivemos participação no genocídio. E vocês também não assassinaram. Foi o Demônio.

O demônio em 1994 invadiu igrejas e capelas, entre outras, em Kigali, Gahanga, Ruhanga, Busongo, Nyundo, Kibuye, Muhororo, Nyange, Kaduha, Murangara, Mubuga, Hanika, Nyamasheke, Shangi, Mibirizi, Nyabitimbo, Musebeya, Cyahinda, Kansi, Nyumba, Kibeho, Nyaruhengeri, Mugombwa, Huye, Gakoma, Cyanika, Kaduha, Mutenderi, Nyarabuye, Zaza, Nyamata, Gasave, Kabarondo, Musha, Gahini, Rukara, Kiziguro e em Gikondo.[15] «A impotência contra o mal que se alastrava»,

---

15   Konrad Karpieszuk encontrou no livro *Rwanda. Death, Despair and Defiance* [Ruanda. Morte, Desespero e Desafio] os nomes de padres — algozes em Kibeho e Kaduha. Cito baseado nele: Kibeho: «Thadée Rusingizadenkwe. Ex-capelão do exército, professor no Seminário Superior em Gishamwu. Depois do genocídio, ficou preso na penitenciária de Butare. Participou do massacre na igreja em Kibeho, onde os soldados e os civis, usando pistolas, granadas e facões, mataram as pessoas que lá estavam se abrigando. Ele fuzilou pessoalmente refugiados tútsis e deu ordens para usarem gás lacrimogênio contra eles». Kaduha: «Athanese Nyandwi. Pároco da paróquia de Kaduha. Um dia antes do ataque aos refugiados abrigados na igreja, deixou a paróquia e se transferiu para uma escola das proximidades, onde ficava nessa época

escreve o padre Stanisław Filipek, «superou o limite da nossa resistência.»[16]

Os palotinos, em Gikondo, não resistiram muito. Três dias após o morticínio, na praça em frente da igreja, «perto das 16h30, começaram um ataque à nossa casa» — relata o padre Filipek. «Vidraças quebradas, uma grande gritaria e batidas na porta. O padre Pastuszka e eu tencionamos por três vezes chegar até a porta, mas estávamos tomados pelo medo e nos escondemos rapidamente. Ouvimos as ameaças dos atacantes, de que estávamos mantendo tútsis na casa e que eles iam explodir a casa... Passou-nos pela cabeça que eles poderiam fazer mesmo aquilo, então corremos rapidamente para a porta. Quando saímos, conseguimos fechar as portas à chave. Fomos cercados por um bando

---

a base local da Interhamwe — milícia hútu. No dia seguinte, na matança na igreja, morreram 16 mil pessoas. Durante o tempo em que os refugiados se abrigaram dentro dos muros da igreja, vendia-lhes o arroz que lhe havia sido doado pela Caritas. Aumentava o preço o tempo todo, o que levou a uma situação extrema. Durante o genocídio, foi visto muitas vezes com o facão na mão; aparecia também na companhia dos líderes da Interhamwe. Foi acusado do estupro de meninas tútsis e da entrega de meninas na sede da Interhamwe, onde elas também eram estupradas. A organização African Rights dispõe dos nomes das suas vítimas. Antes do genocídio estava politicamente envolvido, tendo apoiado os partidos que associavam os hútus e visavam o extermínio dos tútsis».

16   Filipek, op. cit., p. 298.

de cerca de duzentas pessoas furiosas como cães raivosos, armadas com facões, granadas, carabinas... Eu conhecia o chefe deles de vista, ele morava não muito longe da nossa missão. Eles cercaram cinco pessoas levemente feridas, o sangue escorria deles pelos dedos, e entre elas estava também o nosso motorista da gráfica.

«Tentamos conversar, implorei que não fizessem nada com eles, porque eram dos nossos, que trabalhavam lá. Infelizmente, eu só conhecia o motorista, as outras pessoas me eram desconhecidas.

«Queriam que eu lhes desse a chave da capela, mas negamos categoricamente. Dissemos que não tínhamos a chave, o que era verdade, pois as pessoas que haviam se escondido na capela tinham a chave à sua disposição e se trancaram por dentro. Queriam, então, entrar na nossa casa. Eu e o padre Pastuszek explicamos que na casa havia apenas padres e freiras, e que todos nós estávamos com muito medo. Conseguimos convencer o chefe a deixar entrar na casa apenas três pessoas, para verificar quem estava lá...

«Quando eu me dirigia à casa, avistei uma confusão em volta da nossa capela. Entramos na casa com três pessoas da Interhamwe (o chefe e mais outros dois) e o resto ficou do lado de fora. Eles verificaram as salas da gráfica e não acharam ninguém. Subimos ao primeiro andar, todos estavam de joelhos, agrupados no corredor perto de uma pequena capela doméstica, na qual estava exposto o Santíssimo Sacramento... todos tremendo. Os três senhores entram em todos os cômodos, vão na direção da capela... O chefe do grupo Interhamwe falou para o nosso irmão Jean-Marie Vianney:

«— Sabemos que você está aqui.

«Do outro lado da capela ficava meu quarto. No corredor ficava o armário com os paramentos litúrgicos. Abri a porta do meu quarto e apoiei as costas na porta do armário, no qual a irmã Balancila estava escondida pelas alvas. Meu coração batia cada vez mais de pavor, mas Deus cuidou de nós, porque olharam nos armários dos quartos, mas não olharam dentro daquele em que o Senhor protegeu a vida da irmã Balancila. Por fim, o chefe falou zombeteiro:

«— Não tenham medo, tenho esperança de que em breve vocês vão poder ir embora.

«Voltamos para a porta da frente e, depois que eles se foram, percebi que por cima da capela havia fumaça. Logo caiu a noite e o fogo ardendo na capela iluminou todos os arredores. Queimou o Cristo presente no Santíssimo Sacramento junto com algumas pessoas que tinham achado abrigo ali.»[17]

No dia seguinte chegaram a Gikondo os capacetes azuis da cota belga e acompanharam os padres poloneses

---

17   Ibid., pp. 296-8.

para o aeroporto. Na retirada tomou parte também o militar polonês Jerzy Mączka.

Os palotinos voaram para o Quênia. «Não quero glorificar as atitudes das pessoas da Igreja», escreve o padre Stanisław Filipek. «É claro que pode acontecer em casos esporádicos o engajamento político de clérigos ou a insuficiência de auxílio aos assassinados. No entanto, é preciso ter consciência que, em tal situação de ameaça à própria vida, de terror monstruoso e medo, não podemos exigir de todos os homens uma atitude heroica, porque ela é uma dádiva divina. Muitas vezes, as acusações dirigidas à Igreja são realizadas por aqueles que não viram os massacres.»[18]

— Eu sou um sapador — repete Jerzy Mączka. — Eu me lembro de cada detalhe. O Santíssimo Sacramento era o mais importante.

Mas será que com o Santíssimo Sacramento foi assim como relatou o militar polonês? Será que na verdade conseguiram retirá-lo da igreja? Porque o padre Filipek escreve que, depois de tudo acabado, encontrou na igreja «um ostensório abandonado com o Santíssimo Sacramento».[19] Será que existia talvez outro ostensório?

Do padre Filipek não vou obter nenhuma informação a respeito disso.

18   Ibid., p. 304.
19   Ibid., p. 293.

Mas eu gostaria ainda de perguntar ao missionário polonês sobre alguns assuntos: onde, na opinião dele, mora Jesus Cristo? Num pedaço de hóstia de farinha e água? Ou seria no homem que crê n'Ele? E sobre o sofrimento da testemunha valeria a pena conversar. A testemunha é um pouco vítima e um pouco perpetrador. Assiste ao assassinato e foge. O que essa testemunha pensa anos depois, o que sente? Nada? Será que hoje apenas finge que nada sente? O que teme? Do que foge hoje em dia? Do que e de quem se esconde? Por que ignora a presença daquele que conhece bem — o militar polonês, que veio a Ruanda depois de dezesseis anos e que queria se encontrar também com ele? A testemunha não tem obrigação de compartilhar seu sofrimento com os outros? Seus pensamentos e seus sentimentos ligados ao morticínio em massa em Gikondo pertencem somente a ela? Não me é permitido perguntar isso à testemunha que é um sacerdote? Mas me é permitido considerar que o genocídio executado na praça da igreja não é assunto pessoal de ninguém? Principalmente de um clérigo, que a cada domingo, naquela igreja, dizia às pessoas o que é bom e o que é mau?

Não vou receber respostas claras. Posso apenas — no testemunho escrito pelo padre Filipek — procurar citações apropriadas: «As pessoas morriam. Não podíamos, no entanto, protegê-las, e essa impotência perante o mal que se alastrava era e é para nós motivo de grande sofrimento».[20]

Será mesmo? Poderíamos perguntar ao autor desse texto: por que se permite fazer manipulações? Pois ele menciona várias vezes a palavra tútsi. O leitor não tem dúvida de que se trata dos assassinados. E os assassinos? Quem eram? Isso, de forma alguma, podemos saber pelo texto do padre Filipek. Eles eram «grupos furiosos», «invasores», «bandos», «Interhamwe», «com facas, com facões nas mãos».

Nenhuma palavra sobre os hútus.

É preciso perguntar ao padre o porquê.

Mas o padre não quer conversar. Procuro sozinho alguma resposta, alguma explicação: pois, para que relembrar os hútus, quando muitos deles degolaram os vizinhos? Quando muitos enfiaram à força os pênis nas vaginas das vizinhas? Para que falar dos hútus, cuja maioria (a maioria de vocês!), mesmo que não assassinasse, assistia à matança dos próximos e não fazia nada para conter a matança?[21] Como falar sobre isso com os

---

20 Ibid., p. 304.
21 Philip Zimbardo, em *Efekt Lucyfera* [*O efeito Lúcifer*], escreve: «Ao abordarmos o problema do mal, geralmente nos concentramos nas atividades agressivas e destrutivas dos perpetradores, mas a falta de atividade também pode ser uma forma do mal, quando é necessário oferecer ajuda, protestar, desobedecer ou revelar o mal. Umas das causas mais impor-

hútus, se seu pastor espiritual, pregador e confessor fugiu dali sem nem olhar para trás?[22]

E o padre poderia me perguntar, se tivesse coragem de conversar: você alguma vez escutou os apitos da morte que se aproximava? O tinido do metal? Os uivos das vítimas? O barulho dos crânios rachados? O cheiro de proteína queimada? Aquela secura na garganta, alguma vez você já sentiu? Eu tinha de ficar aqui e morrer? Você espera isso de mim? Você ficaria aqui?

Jerzy Mączka volta para casa.

— Foi bom ter visitado Gikondo — fala para mim, no aeroporto de Kigali. — Só agora eu enterrei todos eles. Aqui, onde deveriam ter sido enterrados. Não dentro de mim. Mas na terra. Estou voltando leve e renovado.

---

tantes e menos reconhecidas do mal, além dos perpetradores principais, dos protagonistas do mal, é o coro silencioso que olha, mas não vê, que ouve, mas não escuta» (p. 323).

22   Révérien Rurangwa, em *Ocalony*: «Nossos pastores abandonaram seu rebanho. Fugiram apressados. Não levaram nem uma criança. Esse abandono, eu não posso nem compreender nem perdoar. Pulando para dentro dos ônibus, apenas gritavam as fórmulas: amem-se e perdoem seus inimigos, dirigindo-se àqueles que morreriam pelas mãos dos seus vizinhos. [...] Uma das religiosas, antes de entrar no caminhão, para aqueles que se jogavam em sua direção, disparou apenas: Boa sorte! Agradecemos, irmã, vamos precisar muito dessa sorte» (p. 45).

Hoje, na sala de jantar dos padres em Gikondo, não se conversa nem sobre os judeus nem sobre os maçons. Outros tempos, outras pessoas, outros temas. Atualmente, o único branco que come aqui todos os dias é o padre Piotr. Mas, de vez em quando, aparece por aqui algum outro missionário europeu, geralmente polonês. E, então, sou arguido: — O senhor sabe que em Ruanda houve também um outro genocídio? Que Ruanda é um país no qual apenas uma pequena parte da população, a menor delas, pode chorar abertamente seus familiares assassinados? Que a outra parte precisa fazê-lo em silêncio, às escondidas? O senhor tem conhecimento dos danos ao povo hútu, que existia e existe até hoje?

Os missionários em Ruanda, junto com os padres nativos, cultivam a divisão dos fiéis em hútus e tútsis. Era assim há 150 anos e é assim agora. O clero nutre-se dessa divisão: agora o oprimido povo hútu sofre sob o regime tútsi. A Igreja — é claro — deve estar do lado do mais fraco.

Sobre aquele tempo que era diferente, os missionários não dizem nada: durante 35 anos de governos hútus, os políticos mandavam assassinar os tútsis e os expulsavam do país. Os bispos católicos não só toleravam esse desprezo, como um deles até pertencia ao comitê central do único partido que tinha razão. De boa vontade — durante os frequentes jantares na residência presidencial — apoiava com seu aconselhamento o regime dos assassinos. Os bispos asseguravam-se de que os padres tútsis não avançassem na hierarquia da Igreja — nem numerosos nem proeminentes demais.

Os ruandeses católicos sobreviventes de 1994 acusam sua Igreja não apenas por sua participação no morticínio, não apenas por sua passividade e pusilanimidade. Também por aquilo que os clérigos fazem hoje: a negação do genocídio. Porque falar sobre dois genocídios é negacionismo.[23] A Igreja, na opinião de muitos sobreviventes — ainda e apesar do que aconteceu aqui —, favorece um único grupo: hútu.

Ao padre Stanisław Filipek, se estivesse aberto para conversar com outra pessoa, talvez fosse possível ainda perguntar: por que motivo — depois de tudo terminado — voltou para Ruanda? Ficou envergonhado quando saiu do avião no aeroporto de Kigali? Tapou o nariz quando pôs o pé na terra arqueada por tantos cadáveres? Por tantas ovelhas abatidas, que abandonou como seu pastor? Para que voltou aqui? Para se penitenciar? Chorar? Ou para triunfar? Para ostentar seu orgulho?

---

[23] Esse modo de pensar — resumindo os crimes dos hútus e tútsis — é ilustrado pela declaração do padre palotino Stanisław Kania, de que o genocídio de 1994 foi «um momento dramático de exterminação e massacre mútuos de hútus e tútsis» (*Rwanda wczoraj i dziś* [Ruanda, ontem e hoje], p. 153).

Eu encontro no texto do padre Filipek apenas esta resposta: «A Igreja católica continua sendo a maior e mais dinâmica comunidade religiosa deste país».

Ou esta: «A Igreja em Ruanda, sem temer a verdade, porque a verdade é o fundamento da paz, chamará à conversão e proclamará a mensagem de esperança que só o Deus rico em misericórdia pode dar».[24]

Jerzy Mączka tirou fotos dos missionários no momento em que estavam partindo de Gikondo. E hoje as mostra: os padres estão de pé no caminhão.

— Eu não consegui — diz o irmão Piotr para mim. E cobre os olhos com a mão.

---

[24] Filipek, op. cit., p. 304.

5

Ela pegou Teodor pela mão.

— Venham se proteger antes da chuva. — Ela acenou também para outro homem, que aparentemente não tinha ideia de como se salvar. E para um terceiro. Porque estavam em três. E viram como, a cem metros dali, outros homens matavam uma pessoa. Não havia para onde fugir. Construções apertadas de taipa. Lama escorregadia em vez de ruas. Sarjetas. Gente por todo canto. Em todos os lugares, olhares maus, olhos maus. Olhos de cobra. Um movimento — e a cobra mata. Nenhuma chance. Um passo — e toda a rua se eleva num grito: matem a barata!

Ficaram esperando sem se mexer, em estupor. Pela sua vez. A cem metros dali os assassinos já tinham resolvido o assunto. E se aproximavam. Então, um dos expectantes pegou a carteira. Queria pagar para morrer baleado. Ela se aproximou. Eles não a conheciam. Mas toda a rua sim: era Josefina. Tinha em casa uma lojinha, todos nas redondezas todo dia compravam alguma coisa lá.

Todos viram quando tirou de si o lenço colorido. Que se esforçou para fazer com ele um biombo. Que estava na ponta dos pés. E que tentou cobrir com o lenço as faces dos três homens. Tensas pela visão da morte. Nenhum gritou.

— A última palavra, de qualquer modo, a Deus pertence — diz Josefina hoje, e, com um caneco de metal, tira cerveja do barril. Ela mesma a fez. De farinha de sorgo. E vive disso. Cem francos por meio litro. Antes, durante o sábado e o domingo, vendia dez barris desses. Agora — três. Tempos ruins. A lojinha não existe mais. Não compensa. As pessoas estão indo embora. Porque as autoridades estão demolindo as casas. Não constroem novas. O presidente quer arranha-céus no centro da capital, de bancos, de corporações. E não bairros de pobres. Com certeza, em breve, Muhima não vai mais existir. O bairro das favelas fica muito perto da estação, no meio da cidade. Os tratores vão destruir casa por casa, vão pôr todas as paredes por terra. Vão deixar a praça nua, pronta para novos edifícios. Novas pessoas vão chegar. Vão trazer seus novos pensamentos. Não haverá lembranças, não haverá memória.

— É preciso se lembrar da vovó — diz Josefina. — A minha sempre me dizia: quando você mora perto da estrada, sempre deixe um pouco de comida na panela. Foi por causa do ensinamento da vovó que eu acolhi os três lá na frente de casa.

Teodor se lembra de outra forma da primeira frase de Josefina. Ela se aproximou e disse, baixinho: — E vocês ficam passeando por aí assim, quando estão matando vocês?

Existem pessoas para ser guardadas na memória. E coisas. Na época, Mama Frozina controlava Muhima. Uma católica fervorosa: todos os dias na igreja, todos os dias de joelhos. Uma vez por semana convidava os vizinhos das redondezas para a sua casa e contava a eles o que a Nossa Senhora que aparecia em Kibeho dizia. Que era preciso rezar, porque o mundo estava indo para o lado ruim. Que o sangue seria derramado. Rezava o terço com os vizinhos. Chamava-o de coroa da tristeza ou coroa do sofrimento: Santa Maria, Mãe de Deus.

Tinha um bom marido, que ganhava bem. Teve dez filhos. Cuidava da saúde deles e da educação. Hoje é provável que todos morem na Europa. Preocupava-se também com o bom relacionamento com os vizinhos. E com a boa relação com as autoridades. Ela entrou para o único partido que tinha razão, o do presidente Habyarimana. Tornou-se vereadora do bairro. E depois sua presidente. Quando chegou o dia 8 de abril de 1994, uma mãe da vizinhança bateu à porta dela. Com três crianças: — Esconda eles!

— Aqui não tem lugar para baratas — respondeu, e fechou a porta. Mama Frozina — a carrasca de Muhima. Onipotente, impiedosa. E misericordiosa. Porque dizem que escondeu em sua casa uma menina tútsi. Certamente dizia aos assassinos para qual endereço deveriam ir, quem deveriam encontrar e quem matar. Talvez, nem uma nem duas vezes, tenha apontado também para a casa de Josefina. Então fugiu para o Congo. Voltou depois de dois anos. Os sobreviventes de todo o bairro se juntaram para vê-la se aproximando com a coluna dos refugiados. Logo foi presa, julgada e trancafiada na prisão. Morreu lá, depois de alguns anos. Josefina deveria ter ido ao enterro da vizinha. Não foi.

Josefina tinha então quatro crianças pequenas. Ela não diz uma palavra sobre aquele medo: o que seria deles, se me matassem por causa daqueles tútsis na despensa?

Os Interhamwes vasculhavam aqui com regularidade. Saqueavam a lojinha dela, mas não conseguiram achar os três homens. Hoje um deles supõe que nem o marido de Josefina sabia onde a mulher os estava escondendo. Que não sabia mesmo nada deles. Embora os assassinos tenham batido nele sem compaixão: você está escondendo baratas aqui! Mas que tipo de hútu é você?!

Josefina diz que o marido era um homem corajoso. Sabia e não deu nem um pio. Hoje não se pode perguntar a ele sobre aqueles tempos, pois já é falecido. De qualquer forma, será que ele se lembraria de alguma coisa? Existe uma suposição de que, durante semanas, Josefina tenha mantido o marido em estado de intoxicação alcoólica. O tempo todo. Ele não conseguiu ficar sabendo de muita coisa.

Mas os escondidos sim. A anfitriã assegurava não só a comida — mas também o serviço informativo: onde estavam assassinando antes do meio-dia, onde depois do meio-dia, quem foi morto e quem matou. Porque «como», isso todos mais ou menos sabiam. Assim Teodor relembra, hoje um homem de mais de sessenta anos. Como era seu esconderijo? Como os escondidos faziam suas necessidades? Com que frequência podiam se lavar? E podiam mesmo se lavar? E os piolhos? Por algum milagre os pouparam? O que comiam? Teodor não fala. Eu não pergunto. Para que perguntar a uma vítima sobre a sua vergonha?

Vale a pena perguntar o que aconteceu de verdade na casa de Maria? Hoje os sobreviventes a chamam — como a Josefina — de Justa. Aquela que resgatou, escondeu e alimentou os perseguidos agora busca, ela mesma, ajuda. É preciso acreditar em Maria, quando conta sobre o heroísmo do seu marido. E chora, porque o marido está preso. Na época eles tinham oito filhos (depois ainda mais cinco), uma boa casa e uma vida boa. Ele era mecânico de automóveis e membro do governo provincial do bairro Nyamirambo. Ele ensinava a profissão para os jovens. Sem ganhar nada. E sem ganhar nada, quando se rompiam as bolsas d'água das mulheres das redondezas, levava-as de carro ao hospital. Ficava esperando na entrada e, se o parto ocorresse sem complicações, depois de algumas horas trazia a mãe com a criança no peito. Todos o conheciam aqui. E o respeitavam. Tanto os tútsis quanto os hútus. Então, quando começou a matança no dia 7 de abril, correram em massa os primeiros para a casa dele e pediram abrigo. Ele não negou. E ele mesmo andava pela vizinhança procurando pelos perseguidos. Quem ele encontrasse — se mudava para a casa dele.

— Eu tinha a sensação — diz hoje Maria — de que todo o bairro estava na nossa casa. Vinte pessoas, quarenta. Uns chegavam, outros saíam. Dormiam uma noite ou ficaram morando conosco do início ao fim do genocídio. De vez em quando se aproximava da casa um caminhão cheio de mandioca. Porque alguma coisa tinha de se comer. Aquilo não dava para esconder.

Os assassinos não ousavam se aproximar da porta do marido de Maria e exigir a entrega das pessoas para morrer. Foi assim no começo, porque depois eles chegavam à casa até várias vezes por dia, já sem nenhum acanhamento. Perguntavam: quem é essa mulher? E aquela?

O marido de Maria tinha a reputação de mulherengo.

— Eu não o conhecia — diz Yvonne. — Mas meu marido sim.

Yvonne casou-se oito meses antes do genocídio. No dia 7 de abril, ao amanhecer, seu marido foi até o marido de Maria e perguntou-lhe o que fazer. Ir atrás da mulher grávida — ele ouviu — e trazê-la imediatamente para cá, onde é seguro. Ele foi correndo. Não sabia que na Rádio das Mil Colinas o conhecido cantor Bikindi tinha acabado de citar seu nome. E endereço. Era assim que a Rádio Facão apontava as vítimas: fulano mora aqui, beltrano mora lá, vão lá e os degolem. O marido de Yvonne era um conhecido jogador de basquete, seus dois metros de altura deviam irritar muita gente. Por exemplo, o cantor baixinho. Os assassinos logo chegaram. Agarraram o marido de Yvonne tão logo ele chegou à casa. Obrigaram-no a se deitar na cama. Junto com seu irmão e a cunhada, que tinham acabado de chegar. E os fuzilaram.

A grávida Yvonne e sua irmã esconderam-se numa despensa. O marido de Maria logo ficou sabendo o que tinha acontecido e veio atrás delas. Cuidou do enterro dos assassinados.

— Na casa dele havia uma multidão — é assim que Yvonne se lembra. — Mas eu, por causa do meu estado, ganhei um quarto individual. Eu tive uma menina. Maria me ensinou como alimentar, como limpar. Ela cozinhava comida para todos. Cuidava de nós sem uma palavra de protesto. Mas também sem tagarelice, sem um gesto caloroso.

— Não era uma época para sentimentos — diz Maria hoje. — O medo nos anestesiava. E permitia agir. — Depois de um momento, ela acrescenta: — Ouvi dizer que uma das minhas vizinhas mutilou o aparelho reprodutor de outra mulher. Isso não me entra na cabeça. Ou que uma mulher que conhece a dor do parto consiga matar os filhos de outra. Mesmo que seja lhes negando abrigo. Deus não vai compreender isso quando conversar com ela no dia do Juízo Final.

Um dia os assassinos invadiram a casa: quem é esta mulher? Quem é aquela?

O marido de Maria disse que todas pertenciam a ele. Todas eram suas esposas. Mas os homens da Interhamwe tinham uma evidente vontade de levar ao menos uma. Escolheram Maria. Porque era a mais velha. Para que você precisa dela — disse um rapaz, e colocou uma grande faca no pescoço dela —, já que você tem tantas mais novas? Estava pronto para cortar, mas Maria tirou a carteira de identidade que, sem nenhuma dúvida, a legitimava para viver.

Mas certo casal não tinha documentos apropriados: ela também é sua? — os assassinos perguntaram ao dono da casa. Ele sabia bem que a confirmação não ia dar em nada. Não confirmou. E hoje ele é acusado disso: de ter entregado aos assassinos aquela mulher e o marido dela. E de ter roubado as coisas deles. Porque as acharam na casa dele depois do genocídio. É verdade. O irmão do assassinado veio buscá-las. E hoje acusa de crime o marido de Maria. Como se não soubessem que aqueles que procuraram abrigo trouxeram seus objetos pessoais de casa. Às vezes eles iam furtivamente de noite até suas casas para mais uma vez trazer alguma coisa de que estavam precisando. Um rádio, uma chaleira ou uma toalha.

Agora, o irmão do morto encontra testemunhas. Não tem problema com isso, porque as pessoas costumam ser invejosas. Particularmente a respeito daqueles que falam aquilo que pensam aos outros sem rodeios. Assim como o marido de Maria. Sempre procurou dizer a verdade sem restrições. Face a face. E as pessoas não gostam disso. Então, agora, conspiram contra ele. E denunciam que ele, na ocasião, tinha uma arma. E ele tinha. Mas não a ganhou da Interhamwe, como muitos hútus em Ruanda, para matar os tútsis. Ele mesmo a arrumou para defender a casa na qual estava escondendo os tútsis.

Isso que aconteceu na casa de Maria e seu marido desperta a minha incredulidade. Não posso perguntar nada a ele, o tribunal não concorda com uma conversa com o acusado. Posso conversar com ela. Será que Maria está me falando toda a verdade? Ou será que Yvonne está falando toda a verdade? Será que está escondendo alguma coisa? Não vou perguntar sobre isso. Para que perguntar às vítimas sobre a sua vergonha?

Maria já completou uma lista de 98 pessoas que, felizmente, continuam vivas e podem testemunhar perante a *gacaca* que o marido dela as ajudou. Que as salvou. Será que a corte que o mantém na prisão já há dois anos sem sentença vai querer escutar a todos? Será que todos vão testemunhar a mesma coisa? Será que a corte vai acreditar no seu testemunho?

Os olhos úmidos de Maria me olham com esperança de que eu possa ajudá-la. Ou talvez estejam implorando: faça alguma coisa! Salve o homem que salvou muitos.

Quando eu penso nas mulheres hútus que encontro em Ruanda, penso também no descanso eterno em Murambi.

Existe lá uma escola que não teve tempo de ser uma escola. Lá existe uma mulher. Imóvel. Uma estátua. Está esperando na entrada do prédio administrativo: com um longo vestido colorido, ela se chama Juliette, quarenta anos, segura na mão uma penca de chaves.

Era quinta-feira, 7 de abril. Desceram até aqui tútsis das colinas das redondezas. Juliette veio com o marido e três filhos. O mais novo era pequenino, ela o estava carregando numa faixa nas costas.

Os prédios da escola — espalhados em dez hectares — tinham acabado de ser construídos. Aqui era para ser o ensino técnico. O primeiro semestre estava planejado para depois das férias. Era um luxo: energia elétrica e água corrente. Mas, quando no terreno da escola se juntaram 50 mil tútsis que fugiram das suas casas ao verem os facões dos vizinhos, a energia elétrica e a água foram cortadas. Para que se debilitassem. A escola foi cercada. Os soldados hútus se embrenhavam entre os agrupados e anotavam seus nomes. Diziam que queriam saber quanta comida precisaria ser trazida para que ninguém morresse de fome. As pessoas acreditaram neles — porque as pessoas acreditam até o fim — e, de bom grado, se apresentavam.

A comida não foi trazida. A lista dos sitiados era para apurar quais tútsis das redondezas não tinham conseguido vir para o terreno da escola e ainda estavam escondidos em algum lugar. Para saber quem precisaria ser rastreado, quem deveria ser caçado e para quem armar uma cilada.

Aquele na escola que não era capaz de conseguir água, nem ao menos uma batata-doce crua, para si — depois de alguns dias morria e ficava no chão entre aqueles que ainda estavam vivos.

Passou-se uma semana, passaram-se duas. A multidão fedia e não tinha mais força para nada. Juliette pegou as crianças, todos os três, e foi até os soldados.

— Escutem — ela disse —, eu não sou tútsi. Eu sou hútu.

Ela mostrou a carteira de identidade que confirmava aquilo.

— O que você está fazendo aqui? — perguntaram, admirados.

— Eu vim com meu marido — falou. — Ele é tútsi. Mas tomamos uma decisão: sem água, não dá. Ele vai ficar aqui e eu com as crianças vamos voltar para casa.

Os soldados nem pensaram muito.

— Não tem problema.

Ela ficou feliz.

— Não tem problema — disseram. — Você pode ir. Mas, se você é uma hútu de verdade, vai voltar para casa sozinha e vai deixar as crianças aqui.

Relembremos: o pertencimento aos tútsis, hútus ou twas é herdado em Ruanda por parte de pai. Ninguém discute isso. E Juliette não discutiu. Voltou com as crianças para o marido, bem no meio da multidão.

Começaram a atirar. As pessoas corriam direto para os canos das carabinas e alguns até conseguiram passar. Mas, atrás do pelotão de execução, no segundo anel que circundava a escola, estavam os vizinhos com os facões.

Juliette com o marido e as crianças correram para o escritório para lá se protegerem. Quando os hútus se aproximaram da porta do prédio, ela saiu correndo na direção deles:

— Escutem, eu sou hútu!

— Ok — disseram —, fuja.

Ela queria voltar para o escritório e ir atrás da família, mas não tinha mais motivo para entrar lá.

Hoje Juliette é uma das sete pessoas sobreviventes de Murambi.

Outra é sua filha, que ela então carregava nas costas.

Os dois mais velhos e o marido agora estão aqui, sob o concreto, junto com 50 mil outros.[1]

---

1   O Kigali Memorial Centre informa, na sua página da internet (<http://www.kigalimemorialcentre.org>), que em

Ou estão em algum outro lugar.

Juliette me leva para trás do prédio administrativo. Barracões: cada um com quarenta metros por cinco. Em cada um, umas seis salas de aula. Cada uma com cinco metros por cinco. Cada uma delas fechada por uma porta de metal. As chaves tilintam.

Nas salas de aula não há bancos escolares, há beliches de madeira. As armações são feitas de tábuas brutas.

Nelas — pessoas. Inteiras. Não deu tempo de se decomporem, porque ressecaram. Sua pele também está íntegra.

Um acervo silencioso de figuras, esculturas, de monumentos malcheirosos. Estão deitados muito juntos uns dos outros. Blocos rígidos. Na maioria calvos, mas alguns com cabelos pretos. Em diversas poses: seguram as cabeças, cobrem os olhos, as orelhas, dobram os joelhos até o queixo. Com camisetas, que até hoje mantiveram as cores, mas na maioria das vezes nus. Cobrem o baixo-ventre. Aconchegados uns aos outros. Ou ao contrário — seus braços projetam-se para o alto, como se quisessem afastar alguma coisa. Bocas abertas num grito. Ou fechadas. Todos brancos, como se de vidro leitoso ou gelo. Como se alguém tivesse polvilhado farinha neles. É cal — a substância preferida

Murambi foram assassinadas 27 mil pessoas.

daqueles que empurram suas vítimas para os túmulos coletivos. Comprovada pela história, testada em todos os continentes.

Juliette fecha a primeira porta, abre a seguinte. E as outras. Cadáveres em todos os lugares. Expostos para serem vistos. Posso andar entre os beliches, só tenho de prestar atenção para não esbarrar com a perna, às vezes um braço morto fica para fora da armação. Mesmo que eu o tocar — nada vai acontecer, ninguém vai me chamar a atenção.

Posso contar aqueles corpos, fotografar como se fosse uma exposição, posso ficar aqui o tempo que quiser.

Qual era sua história? Quem era você? E você, perto da parede, do que você vivia?

Alguns eu posso olhar nos olhos. Abertos. Olham para mim.

É uma espécie de falta de pudor, pornografia, voyeurismo. Entrei na casa dos mortos, para a qual nenhum deles me convidou. Gostaria de me retirar já, de não incomodar. Juliette abre a sala seguinte. Embora ela não diga nada, eu ouço: — Olhe!

Crianças. Ao contrário dos adultos, elas não são blocos espaciais, seus crânios não são redondos. Os corpos achatados estão deitados como panquecas cuja massa foi estendida. Mas dá para ver onde era o nariz, a boca — como se alguém, de brincadeira, tivesse colado nos rostos deles outros pedaços de massa. De novo as chaves.

Agora as crianças no colo das suas mães. Eles não mataram os bebês, mataram suas mães. As crianças mamavam os peitos mortos e agonizavam de fome. E hoje estão aconchegadas a esses peitos.

Quando a matança terminou em Murambi naquele mês de abril, o fedor rapidamente envolveu toda a redondeza. No terreno da escola que não teve tempo de ser uma escola, as escavadeiras cavaram buracos enormes. Os tratores e as retroescavadeiras se movimentavam, não foi fácil. Os buracos foram rapidamente preenchidos, os corpos mal cabiam neles. Polvilharam-nos com cal e com uma fina camada de terra levemente arenosa.[2]

Um ano depois do assassinato em massa, de acordo com a vontade dos sobreviventes, decidiram abrir o túmulo e transportar os mortos para debaixo das lajes de concreto. Então descobriram que aqueles que ficaram logo abaixo da superfície ainda estavam inteiros, como cogumelos secos. E alguns dos corpos ressecados das crianças foram comprimidos sob o peso dos adultos.

---

[2] Dois meses depois, sobre aquele túmulo coletivo, os soldados franceses jogavam vôlei. Esse costume é relembrado hoje pela placa fincada no gramado. Segundo as testemunhas, os militares não podiam deixar de perceber que a terra naquele lugar se arqueava. Os soldados chegaram da França como parte da Operação Turquoise (23 junho-21 de agosto de 1994), que — resumindo — consistiria em garantir a segurança dos sobreviventes e que, na prática, protegia os genocidas que fugiram para o Congo quando chegaram as forças da RPF.

Selecionaram 840 múmias e as colocaram nas salas de aula.

Ficamos em silêncio. Por um longo tempo. Talvez fosse bom finalmente dizer alguma coisa, perguntar a Juliette como é o nome da filha dela. Ela tem agora uns dezesseis anos, ela estuda? E como era o nome dos outros? E do marido? Será que durante a grande exumação encontrou talvez os corpos deles?

Ficamos em silêncio. Outra porta de metal, outras pequenas panquecas de farinha. O que sente uma criança de dois anos quando vê o facão? Penso nisso agora. Acredito que não sinta medo, porque pouco entende. Acredito que não sinta dor, porque morre num segundo. Cubro os olhos. Sei que logo vou abri-los bem, para fugir correndo daqui. Preciso olhar para baixo, para não tocar em ninguém.

Vou fugir. Vou deixar Juliette sem lhe dizer nenhuma palavra de despedida. Que ela fique aqui cuidando das suas crianças mortas. Que ela permaneça como uma estátua, empedrada. Que ela espere. A orgulhosa guardiã da sua Murambi. Murambi não é minha.

E, se não saio correndo da casa dos mortos, é apenas por medo de que, ao fugir, eu veja um facão nas minhas mãos.

6

— Primeiro devemos morrer — disse Juliette à sua filha, quando a menina exigiu que fizessem as malas e partissem para a estrada do céu. Para procurar o papai e os irmãos mais velhos. Porque a mamãe tinha falado algum tempo atrás que eles moravam lá.

— Então, vamos morrer — insistia a filha. — E vamos até eles.

— Não é assim tão simples. Primeiro a gente precisa ficar doente.

— E de que o papai ficou doente?

Ela tinha sete anos quando a mãe decidiu dizer a ela: ele tinha saúde. E os irmãos não tinham nenhuma doença. Mataram eles.

— Quem?

— Os hútus.

— Por quê?

— Porque eles eram tútsis. Assim como você é tútsi.

— E você?

— Eu sou hútu.

Depois de alguns meses, vim a Murambi outra vez. Na última vez, não tive coragem de perguntar a Juliette sobre alguns detalhes. Pelo menos não sobre a criança que ela então carregava na faixa nas costas. E sobre as mais velhas, que ela não conseguiu salvar.

Nada aqui mudou: Juliette está de pé na entrada do prédio da escola que não teve tempo de ser uma escola. Com seu vestido longo e colorido, com a penca de chaves na mão, olha em frente, para longe. Sem nenhum movimento, nenhuma careta ou estremecimento. Até o momento em que um homem jovem e alto, que acabou de chegar de moto, tira o capacete da cabeça e a cumprimenta. Ela lhe responde com um sorriso delicado e olha para ele com ternura. Será que é impressão minha? Quando o rapaz se aproxima mais, Juliette o acaricia na bochecha. Devagar, várias vezes, até a primeira lágrima, que se esforça por esconder.

— Vocês se conhecem? — pergunto a Leonard.

— Como assim? É a primeira vez que venho aqui.

Leonard me ajuda a conversar com Juliette. Vai traduzir do kinyarwanda para o inglês aquilo que na última vez eu não quis escutar: ela não encontrou os corpos dos filhos. Nem do marido. Aparentemente não estão entre as poucas centenas de insepultos nos barracões. Mas ela continua examinando os corpos. Quando ela lhes tira o pó, de tempos em tempos. E polvilha a cal. Para retardar a decomposição.

A última vez que viu os filhos foi quando, em 21 de abril, entrou correndo no prédio administrativo. Primeiro tocou o corpo do marido morto.

Ele se chamava Frederic Kayihura, tinha 31 anos.

Tocou o corpo do filho mais velho: Jean D'Amour, sete anos.

E do mais novo: Vincent Kurerimana, cinco anos.

É claro que não pergunto como eles estavam naquele momento, como foram mutilados, como a mãe se lembra hoje daquela visão.

Saiu correndo em outra direção, é só o que diz, com a filha nas costas.

Forçou seu caminho pela fileira de facões. O que a salvou? A carteira de identidade? Que assassino tinha tempo então para examinar os documentos? Quem ia querer? Naquela gana de morte? Naquela possessão? Naquele amouco? Todos preferiam cortar: matar o grande! Matar o pequeno!

Será que ela perdeu o documento naquela hora? Porque, de repente, descobriu que não o tinha mais. Ficou na mão daquele que fazia o controle? Ou caiu enquanto ela corria? Ela tinha de cuidar da filha e não de alguns papéis! Só que, sem um bom documento entre os vivos, não tinha o que procurar. Não tinha direito nem a um minuto na estrada. Nem sua filha. Então, ela se escondeu num mato perto dali. E de noite foi até o lugar onde tinha nascido. Onde todos a conheciam: ela tem uma barata nas costas! Matem! Matem a cobrinha!

Leonard traduz fluentemente, não dá para ouvi-lo engolindo a saliva: ela escapou. Hoje, não lembra mais que milagre aconteceu. E como ela chegou até os outros parentes alguns povoados adiante. Eles a esconderam e, durante os meses seguintes, a proibiram de chegar até a porta. Eram hútus sábios e bons. Pois, quando um ano mais tarde ela ousou colher batata-doce perto de casa, imediatamente uma mulher veio correndo. E gritou para meio mundo: olhem só como a barata está crescendo!

A filha tem hoje dezesseis anos, quer ser enfermeira. Está estudando. Quer falar muitas línguas. Quer ir embora de Ruanda.

Apenas isso de Juliette, a título de complementação.

Agora tilinta as chaves. E olha para Leonard. Eu tento detê-la. Mas Leonard se levanta sem hesitação: — Vamos lá.

Leonard nunca mostra fraqueza. É forte. Quer que as pessoas pensem assim dele. Olha-nos direto nos olhos: sorridente, satisfeito, instruído, confiante em si, arrumado, cheiroso, roupas bem passadas (nos quartos dos estudantes sobreviventes pode não haver nada, mas um ferro de passar sempre há), bom colega, bom guia, tradutor, poliglota. E não uma vítima envergonhada e humilhada. Não é um animalzinho trêmulo que sente em si a respiração do caçador. Não é um menino de nove anos sujo de merda porque fez nas calças. Não é um menino faminto, que com dificuldade mastiga a carniça encontrada no mato. Não é a criança que tem medo de cachorros. E não é o órfão que chora pela mãe. Os assassinos nunca vão ver seu choro. Ele nunca dará seu testemunho público nas cerimônias fúnebres de aniversário. Os algozes não vão escutá-lo. Essa satisfação Leonard não lhes dará. Mas ainda tem medo de cachorros. Os cães comem pessoas. Tem medo do escuro. Lá ficou a mãe. E tem medo do dia. Cada dia pode ser o último. E dos vizinhos hútus. Porque eles ainda estão lá. Prontos.

Em setembro de 1994, no orfanato, o professor perguntou a Leonard se ele se lembrava de onde ficava sua casa.

Foram lá. Ao longo da estrada — cadáveres. Quase nenhuma pessoa viva. Algumas roupas, sapatos, ossos. Cães. Chegaram ao lugar. Viram o Kivu. Os restos das paredes de taipa, sem sinal de telhado. Foi só o que restou da casa. Havia apenas alguns meses estava inteira. Foi de lá que Leonard tinha saído correndo na escuridão. E, atrás dele, dois de seus irmãos. E o terceiro, o mais novo? Não faz muito tempo completou quinze anos, era então um bebê, não podia fugir.

— O Pequeno não estava lá — Leonard acrescenta um novo e importante detalhe ao seu testemunho. Ele faz isso depois de sair dos barracões cheios de corpos ressecados. Logo depois que a desconhecida Juliette o acaricia na despedida.

— Como não estava lá, se agora ele está aqui?

— Mamãe... — essa palavra Leonard pronuncia para mim pela primeira vez, mas não termina a frase. Falta-lhe saliva. Um momento depois, ele começa do início: naquela tarde, como todo dia, o pai saiu para o *cabaret*. Para uma cerveja com os vizinhos. O sol ainda estava brilhando, quando ele saiu. À noitinha, bateram na porta. A mãe apagou a luz e disse, apavorada: é a Interhamwe. Empurrou os filhos para fora pela janelinha da parede dos fundos da casa, direto na escuridão. Primeiro Leonard e depois os outros dois. Ficou sozinha na outra escuridão. Era o dia 12 de abril.

Leonard, durante alguns meses, não sabia o que tinha acontecido depois em casa. Primeiramente foi à administração do município, depois vagou com os irmãos pelo mato, depois se escondeu na igreja, onde, por um milagre, escapou da morte. Finalmente foi morar no orfanato e via que os parentes das outras crianças vinham buscá-las. As semanas passavam e ninguém procurava por eles. Por fim, entendeu o porquê.

Ficou feliz quando o professor lhe propôs a viagem para casa. Porque por um momento recobrou a fé em se encontrar com a mãe e o pai. Quando chegaram ao lugar, viu que ninguém esperava por ele lá. E que a casa não existia mais.

Veio um homem do outro lado do povoado. Olhava para o Kivu ao longe, não nos olhos. E disse, mais para o lago do que para eles: não há mais ninguém aqui, em todos os lugares está tudo vazio, todos foram para o Congo.

Para ser exato, ele deveria acrescentar: todos os hútus. Porque todos os tútsis estavam apodrecendo ali pelas moitas. Dava para sentir.

— Eu perguntei a ele sobre minha mãe e meu pai — é assim que Leonard se lembra daquele momento.

O homem não respondeu nada. Chamou o professor para o lado. Conversou com ele por mais de uma hora. Leonard olhava de longe como o vizinho gesticulava, como meneava a cabeça, como segurava a cabeça com as mãos, os joelhos, como mostrava a estrada, primeiro num sentido, depois no outro, e finalmente mostrou o lago, o céu e a terra. No fim, o professor voltou para perto de Leonard e, sem nenhuma palavra, segurou Leonard junto a si. Sem olhar nos olhos.

— Eu tinha nove anos e tive de escutar o que meu professor tinha para me dizer.

No carro, o professor relatou aquilo que tinha ouvido um pouco antes: a mamãe foi atrás de vocês.

— Ela tinha saído por aquela janelinha? Com aquele barrigão?

O pai foi decapitado no *cabaret* na frente de todo o povoado. Leonard não sabe quem. Quer dizer: não sabe qual dos vizinhos estava segurando o facão. E quais ficaram só olhando, aprovando o assassinato do pai.

A mãe se abrigou na casa de um casal, dois terrenos adiante. Apesar de eles serem hútus, a casa deles também passava pelo controle. Os homens da Interhamwe todos os dias verificavam se ninguém tinha se escondido lá dentro. Então, antes do amanhecer, a mãe saía para o meio das bananeiras e lá passava o dia inteiro. Na chuva ou no calorão. Voltava depois de escurecer: dolorida, inchada, suja e faminta. Subia pela escada e lá, sob o telhado, se deitava nas tábuas por algumas horas. Sem nenhum barulho, sem beber, sem fazer xixi. Lá era mais escuro. Quer dizer: mais seguro. Os vizinhos não tinham energia elétrica. E os assassinos não tinham lanternas. Nem tinham forças para as patrulhas noturnas, cansados por ter infligido a morte o dia inteiro.

E a mãe tinha condições de dormir debaixo daquele telhado? Ou ficava pensando nos três filhos que tinha enviado para a escuridão em 12 de abril? Será que alguém lhe contou sobre a morte do marido? Isso Leonard não sabe.

Um dia, depois de uma ou duas semanas, ela deu à luz um menino. Sem nenhum gemido, nenhum grito? Leonard não tem a quem perguntar isso. Sabe-se que ela logo teve de deixar a casa e se aferrar a algum pedaço de terra em algum lugar sob as folhas de bananeira. Algum lugar por perto, pois quão longe poderia ir uma mulher no puerpério? Durante o dia ela provavelmente não dava de mamar ao bebê. Será que era porque não tinha leite ou pela certeza de que o choro do recém-nascido rapidamente traria os assassinos?

Ela deixava o filho sob os cuidados da vizinha.

— De onde você tirou essa criança? — perguntaram os Interhamwes, quando vieram de novo para o controle.

— Da barriga — riu-se a vizinha.

— Da sua? — um deles a conhecia, ele a tinha visto ultimamente e não acreditava.

— E de quem, então? Você, seu fedelho, entende alguma coisa de assuntos de mulheres?! — berrou, e fechou a porta na cara do assassino.

Perto do Kivu estavam se aproximando os tútsis da RPF. Os vizinhos pegaram as coisas necessárias e se mandaram para o Congo, na coluna de refugiados. Levaram com eles o bebê da vizinha.

— Eu poderia procurar por eles? — Leonard perguntou ao professor.

— Você sabe o sobrenome do vizinho?

— Sei.

— Escreva uma carta. Eu vou entregá-la à Cruz Vermelha.

Ele escreveu: a criança que está com vocês é meu irmão? E minha mãe? O professor manteve a palavra. A resposta veio mais rápido do que se poderia esperar: sim, é seu irmão. E sua mãe? Não sabemos. Todo dia ela saía de casa antes do amanhecer e toda noite voltava. Até que uma noite ela não voltou. Já era maio.

Já era janeiro de 1995, e o diretor do orfanato chamou Leonard e seus dois irmãos: este é o seu irmão mais novo.

— Tinha nove meses o nosso Pequeno. Nosso sangue nas veias dele. Nós nos apaixonamos por ele imediatamente — os olhos de Leonard riem. — Venha cá, vamos lá pegar uma fanta para ele.

Os vizinhos aos quais Leonard é grato nunca voltaram para Ruanda. Nunca, depois do ocorrido, teve oportunidade de conversar com eles. Deixaram sua casa, certamente pela convicção de que todos os hútus seriam mortos pelos vencedores tútsis. E provavelmente acreditam nisso até hoje. Ou talvez tenham motivos para temer a volta. Talvez o bom vizinho que permitiu que a mãe de Leonard parisse seu filho e depois o salvou tenha assassinado outros no outro extremo do povoado. Talvez de modo particularmente entusiasta. Para afastar de si todas as suspeitas.

— O que o Pequeno sabe? — aproximamo-nos do orfanato com Leonard.

— Não muito. Está crescendo entre crianças que não têm pais. A falta deles lhe parece natural.

— Vocês falam sobre a mãe?

— Não. Vamos levá-lo hoje ao aeroporto e vamos mostrar para ele os aviões. Tá bem?

Não fala sobre a morte da mãe com ninguém. Seria preciso tocar naquilo que dói mais. Falar sobre a dor escondida no recanto mais profundo. Sobre as obsessões. Os perseguidores implacáveis. Eles torturam todos os dias e todas as noites. São a ferida aberta de todo sobrevivente que então perdeu uma mulher querida: filha, esposa ou mãe. Mas que não estava ao lado dela quando morreu. Não viu, não sabe. Quer dizer, sabe: toda mulher tútsi primeiro era estuprada. Sem exceção. Essa convicção prevalece em Ruanda muitas vezes também entre os sobreviventes, e em Leonard ela permanece como uma farpa. Aquelas que por algum motivo (beleza, piolhos, idade, menstruação, puerpério) não causaram uma ereção nos assassinos foram violentadas com algum pedaço de pau, com qualquer coisa que fosse suficientemente alongada, dura e grande. Até o momento em que paravam de respirar.

Por que sua mãe teria sido uma exceção?

É possível encontrar uma resposta reconfortante para isso. Imaginar algo que de alguma forma traga consolo. Ela ficou deitada nas moitas, até que teve uma infecção? Ela morreu de infecção? De hemorragia? De desidratação? Talvez o coração não tenha aguentado aquilo que estava acontecendo ao seu redor? Parou de bater subitamente? Uma morte assim não seria má. Daria um pouco de alívio, pelo menos para aqueles que ficaram: para os filhos. Seria bom sentir esse alívio. Seria bom saber. O conhecimento é melhor que o desconhecimento, que continua a atormentar, a ferir.

É preciso confortar-se de alguma forma: a mãe de Leonard não conheceu o pior. Não precisou — isso nós sabemos —, como outras mães, ver a morte dos próprios filhos. Mas nem aquelas que precisaram passaram pelo pior. Assim dizem as pessoas em Ruanda. Porque houve também os que obrigaram as mulheres a matar aqueles a quem pariram. Elas também não passaram pelo pior. Porque aconteceu também de terem parido nos pântanos e depois serem obrigadas a comer os corpos mortos dos seus filhos.[1] Fala sobre isso uma conhecida canção ruandesa.

Não tenho nenhuma conversa com Leonard sobre esse tema. Essa conversa desmoronaria a parede com a qual ele se separou do que vivenciou em 1994. Ele mesmo assim a chama: parede, muro.

---

1   Veronique Nahoum-Grappe, no ensaio «Viols en temps de guerre» [O estupro em tempos de guerra], observa fato semelhante em outro lugar: «Na Bósnia, uma família que fugiu de Srebrenica, em julho de 1995, testemunhou o caso de um velho que foi obrigado a comer o fígado do próprio neto. Tratava-se lá de outro tipo de rompimento de vínculo, quando um parente da linha ascendente tem de devorar aquele que ele gerou diretamente, forçando-o, por assim dizer, a voltar ao estado anterior ao nascimento, anterior à fecundação. O crime contra os laços de sangue não é para levar o inimigo à morte, mas gera a ideia de que o inimigo nunca nasceu» (in: Christine Ockrent [ed.], *Le livre noir de la condition des femmes* [*O livro negro da condição das mulheres*], p. 51).

— Mas nessa parede existem portas. Normalmente fechadas. Eu as entreabro apenas em abril. E olho se alguma coisa lá dentro mudou. E as fecho de novo. Porque lá nada muda.

O Leonard de nove anos mora lá? Abandonado? Sozinho? Em choque? Sem pensar muito? Sem registrar os fatos, com pressa? Logo depois de ter saído correndo na escuridão? Ainda continua correndo ou já se abrigou em alguma toca? Ainda lembra bem do pai e da mãe: a aparência deles, suas vozes, cheiro e toque? E o gosto daquilo que a mãe cozinhava de noite? Ainda não entende o que aconteceu com seus pais? Ainda não compreende que tudo o que existia antes foi definitivamente destruído? Que aquela vida já não existe mais? Que ela nunca mais vai voltar? Que não há infância? Que não há nada além de medo? Nem palavras que pudessem dar nome a tudo? Compor com elas um testemunho? O pequeno Leo mora atrás do muro? Ou apenas atrás de uma vidraça? Essas perguntas me vêm à cabeça quando vejo o Leonard grande acariciar a áspera parede de taipa. Engole a saliva e aponta para uma touceira de tulipas: aqui havia uma porta, aqui uma janelinha, aqui a escuridão. Era dia 12 de abril. — Eu não a ajudei.

Gloriose — ele escreve o nome da mãe no formulário para o visto.

No meio da noite, em 12 de abril, a uma altura de 10 mil metros, já longe de Ruanda, em algum lugar entre a África e a Europa, ele abre a mesinha e coloca nela uma folha de papel A4 em branco. Ao longo do meio da folha, desenha com um marca-texto de ponta fina a estrada. Abaixo desenha a casa. E escreve abaixo dela: Pai de Leonard. Abaixo desenha o lago: Kivu. À direita da casa — outro retângulo. Lá moravam os vizinhos. Degolados: a mulher, duas filhas e o filho. À esquerda da casa: a propriedade do irmão de seu pai. Assassinados. Na parte de cima do papel: o *cabaret*. Lá Leonard desenha uma cruzinha. Na diagonal: três pessoinhas correndo em fila. E mais adiante, no canto inferior esquerdo: outra casa. Esse quadrado Leonard aponta com uma seta espessa e forte. E cuidadosamente desenha um telhado — debaixo dele mamãe deu à luz o Pequeno. Desenha outra seta: ela devia sair todo dia em direção ao lago. Lá seria menos visível, porque está mais longe da estrada. De modo algum poderiam avistá-la lá. Nem escutar. O esconderijo era bom. E alguém devia saber disso.

— Os vizinhos salvaram o Pequeno — Leonard rabisca a casa com telhado. — E mataram mamãe.

Talvez eu devesse perguntar de onde ele tinha essa certeza, mas, bem nessa hora, o comissário de bordo se inclina e com um sorriso oferece algo para beber. Pedimos cerveja.

— Vamos beber à sua saúde — Leonard me diz. — Afinal hoje é o seu aniversário.

Esta é a primeira vez que Leonard viaja de avião. Pela primeira vez está fora das fronteiras de Ruanda. E logo em outro continente. Primeira escada rolante (no aeroporto de Bruxelas, onde fazemos a conexão), primeiro elevador (na minha casa em Varsóvia), primeiro bonde, metrô, trem, teleférico. Primeira neve (nas montanhas Tatra) e primeiro mar (em Sopot). Ao ver as ondas, Leo até pula de alegria. E manda um sms para os irmãos em Ruanda: o mar é imenso e salgado.

Vamos para Berlim. A fronteira entre os países, que já não existe mais. Ninguém aqui confere quem você é: polonês? Alemão? Ruandês? Tútsi ou hútu? Leonard fica feliz com essa atração inacreditável. Mas as coisas acontecem de forma diferente: entram no trem guardas poloneses e depois alemães. E não pedem o passaporte de ninguém. Mas de Leonard — sim.

Em Berlim — o monumento às vítimas do Holocausto. Leonard quer ficar com elas por um momento. O monumento fica perto do Portão de Brandemburgo, na rota do antigo muro, bem ao lado da embaixada americana. Compõe-se de muitos cuboides dispostos vertical e horizontalmente. É um labirinto construído de túmulos vazios. Um cemitério.

— O que eles estão fazendo? — os olhos de Leonard se arregalam de espanto. Porque as pessoas para as quais agora olhamos estão se deitando nos túmulos simbólicos das pessoas sufocadas com gás e queimadas nos crematórios. E, deitadas nos seus sarcófagos, desfrutam com alegria do primeiro sol de primavera. Pulam de um para o outro, dançam, riem. E tiram fotos uns dos outros como lembrança. Europeus.

Aproxima-se o feriado de 1º de maio. Daqui a alguns dias Leonard vai voltar para casa. Por enquanto, sentamos no jardim da casa dos meus pais. O sol já aquece, mas às vezes ainda se sente o gelo no ar. Mamãe nos traz um café, assa para nós um bolo gostoso. Traz também um suéter do meu pai. Coloca-o nas costas de Leonard. Terminado. Eu não sonho com nada. Nem com ninguém.

2008-2010

AGRADECIMENTOS

Dezenas de ruandeses e ruandesas encontraram forças e tempo para conversar comigo sobre como o genocídio os afetou pessoalmente. Não menciono no livro, por razões óbvias, seus nomes e sobrenomes. Agradeço a todos pela confiança, franqueza, hospitalidade e calorosos gestos de amizade.

Pela franqueza e pelo compartilhamento do seu conhecimento, agradeço à sra. dra. Odette Nyiramirimo, que, na época em que conversei com ela, em 2009, era secretária de Estado para os assuntos relacionados à família, mulheres e crianças. O ministro da Segurança Interna Sheikh Harerimana Mussa Fazil possibilitou-me chegar até os prisioneiros condenados pela participação no genocídio e encontrou tempo, no dia de um feriado que lhe era muito importante, para se encontrar comigo e esclarecer aquilo que eu não tinha compreendido.

O dr. Naasson Munyandamutsa, médico psiquiatra, ajudou-me a me aproximar do conhecimento da verdade sobre as consequências psicológicas do genocídio. Fiquei muito impressionado com seu conhecimento e sua relação com as pessoas.

Agradeço muito ao sr. juiz Philibert Kambibi, que conversou comigo por horas e explicou pacientemente o que é a *gacaca*.

Agradeço pela ajuda das senhoras da organização Avega. Seu trabalho desperta meu maior respeito e admiração.

Agradeço aos padres, irmãs e frades que se mostraram gentis e prestativos. Principalmente no início de meu trabalho em Ruanda, eu não teria conseguido sucesso sem seu apoio logístico. A um dos padres eu agradeço especialmente pela amizade.

O livro não teria existido sem a ajuda dos intérpretes. Um deles é Leonard — herói da minha narrativa. Um homem excepcional, um amigo excepcional. A seu pedido, ao escrever sobre ele, mudei-lhe o nome. No caso de algumas outras pessoas que aparecem no livro, agi da mesma maneira.

Assumpta Mugiraneza também foi minha intérprete e guia. Eu a conheci graças a Konstanty Gebert. Sua participação na criação do meu livro é inestimável. Assumpta me ajudou a chegar até a maioria das pessoas sobre as quais falo. Traduziu as conversas com as mulheres estupradas e com os perpetradores dos estupros, quebrou as barreiras burocráticas que de vez em quando eram postas no meu caminho. Quando alguma coisa em nosso trabalho não ia de acordo com os planos preestabelecidos, ela pacientemente suportava minhas ansiedades. O conhecimento de Assumpta sobre Ruanda, sobre o genocídio e também sua formação em psicologia influenciaram de maneira significativa a forma do que escrevi.

No entanto, preciso enfatizar que nenhum dos meus interlocutores e colaboradores é responsável pelas minhas interpretações dos fatos e pelas conclusões que tiro deles. Posso me arriscar a dizer que muitos deles discordam das minhas conclusões e que, a respeito de alguns assuntos discutidos no livro, eles têm opiniões diversas das minhas.

Devo agradecimentos muito especiais a Małgorzata Szczurek. Małgosia me acompanhava em Ruanda sempre que a língua inglesa precisava ser substituída pela língua francesa. É uma intérprete perfeita, uma colaboradora compreensiva e uma grande colega. Passamos em Ruanda por muitos momentos difíceis. Trabalhamos do amanhecer até à madrugada, muitas vezes sem intervalo para uma refeição. Sem Małgosia teria sido ainda mais difícil.

Para encontrar os soldados poloneses, ajudou-me certo major do Exército polonês que encontrei na base da ONU, em Sarajevo.

Agradeço a Jerzy Mączka pela gentileza e excepcional colaboração.

Na Polônia, analisaram meu livro os excelentes psicoterapeutas Marta Bieniasz, Anna Siemińska e Krzysztof

Mędrzycki. Seu conhecimento, que compartilharam comigo durante as «consultas ruandesas» especiais, foi um importante guia no trabalho do livro. Também, certo encontro de verão em Podlasie com Halina Bortnowska contribuiu para o surgimento deste livro. Muito obrigado.

LITERATURA

ACCATTOLI, Luigi. *Kiedy papież prosi o przebaczenie. Wszystkie «mea culpa» Jana Pawła II*. Trad. Anna Dudzińska-Facca. Cracóvia: Znak, 1999. [Ed. bras.: *Quando o papa pede perdão: todos os mea culpa de João Paulo II*. Trad. Clemente Raphael Mahl. São Paulo: Paulinas, 1997.]

BAHUJIMIHIGO, Bp. Kizito. *Świadkowie Boga w kraju męczeństwa*. Trad. de Danuta Szumska. Ząbki: Apostolicum, 1998.

BAUM, Steven K. *The psychology of genocide. Perpetrators, bystanders, and rescuers*. Cambridge: Cambridge University Press, 2008.

BERRY, John A.; BERRY, Carol Pott. *Genocide in Rwanda*. Washington, DC: HOWARD UNIVERSITY PRESS, 1999.

BRACH-CZAINA, Jolanta. *Szczeliny istnienia*, Państwowy Instytut Wydawniczy, Varsóvia, 1992.

BRIGGS, Philip; BOOTH, Janice. *Rwanda*. Chalfont St. Peter: Bucks, 2006.

BROUWER, Anne-Marie de; CHU, Sandra Ka Hon. *The men who killed me. Rwandan survivors of sexual violence*.

Vancouver, Toronto, Berkeley: Douglas & McIntyre, 2009.

COOK, Susan E. (ed.). *Genocide in Cambodia and Rwanda. New perspectives*. New Brunswick, Londres: Transaction, 2007.

COURTEMANCHE, Gil. *Niedziela na basenie w Kigali*. Trad. Grażyna Majcher. Varsóvia: Muza Sa, 2005.

DALLAIRE, Roméo. *Shake hands with the devil. The failure of humanity in Rwanda*. Nova York: Carroll & Graf, 2004.

ELTRINGHAM, Nigel. *Accounting for horror. Post-genocide debates in Rwanda*. Londres, Pluto Press, 2004.

FILIPEK, Stanisław. *«Zamiast posłowia»*. In: WALIGÓRSKI, Jacek. *To ty, Emmo?* Ząbki: Apostolicum Wydawnictwo Księży Pallotynów Prowincji Chrystusa Króla, 2009.

GARLAND, Caroline (ed.). *Czym jest trauma. Podejście psychoanalityczne*. Trad. Danuta Golec et al. Varsóvia: Oficyna Ingenium, 2009.

GOUREVITCH, Philip. *We wish to inform you that tomorrow we will be killed with our families. Stories from Rwanda*. Nova York: Farrar, Straus and Giroux, 1998. [Ed. bras.: *Gostaríamos de informá-lo de que amanhã seremos mortos com nossas famílias: histórias de Ruanda*. Trad. José Geraldo Couto. São Paulo: Companhia das Letras, 2000.]

HATZFELD, Jean. *Dans le nu de la vie. Récits de marais rwandais*. Paris: Seuil, 2000. [Ed. port.: *Na nudez da vida: relatos dos pântanos do Ruanda*. Trad. Maria Jorge Vilar Figueiredo. Lisboa: Caminho, 2002.]

_____. *Strategia antylop*. Trad. Jacek Giszczak. Wołowiec: Wydawn. Czarne, 2009.

HERMAN, Judith Lewis. *Przemoc. Uraz psychiczny i powrót do równowagi*. Trad. Aneta e Magdalena Kacmajor. Gdansk: Gdańskie Wydawnictwo Psychologiczne, 2004.

ILIBAGIZA, Immaculée; ERWIN, Steve. *Ocalona, aby mówić*. Trad. Agnieszka Ploch. Varsóvia: Wydawnictwo "Duc In Altum", 2007. [Ed. bras.: *Sobrevivi para contar: o poder da fé me salvou de um massacre*. Trad. Sonia Sant'Anna. Rio de Janeiro: Fontanar: 2008.]

KANIA, Franciszek. *Rwanda wczoraj i dziś*. Ząbki: Apostolicum, 2005.

KAYITESI, Annick. *Jeszcze żyjemy*. Trad. Krystyna Dąbrowska. Varsóvia: «Muza», 2007.

KAPUŚCIŃSKI, Ryszard. *Heban*. Varsóvia: Czytelnik, 2001. [Ed. bras.: *Minha vida na África*. Trad. Tomasz Barcinski. São Paulo: Companhia das Letras, 2002.]

KARPIESZUK, Konrad. *Konrad jest w Rwandzie*. Disponível em: <http://konradjestwrwandzie.wordpress.com>.

KHAN, Shahryar M. *The shallow graves of Rwanda*. Londres, Nova York: I.B. Tauris, 2000.

KIGALI MEMORIAL CENTRE. Disponível em: <http://www.kigalimemorialcentre.org>.

KOFF, Clea. *Bone woman. A forensic anthropologist's search for truth in the mass graves of Rwanda, Bosnia, Croatia and Kosovo*. Nova York: Random House, 2004.

KOSIŃSKA, Karolina. *Zbrodnia ludobójstwa w prawie międzynarodowym*. Toruń: Wydawnictwo Adam Marszałek, 2009.

LONGMAN, Timothy. *Christianity and genocide in Rwanda*. Cambridge: Cambridge University Press, 2010.

MELVERN, Linda. *Conspiracy to murder. The Rwandan genocide*. Londres, Nova York: Verso, 2004.

MIDLARSKY, Manus I. *Ludobójstwo w XX wieku*. Trad. Bartosz Wojciechowski. Varsóvia: Wydawnictwo Naukowe PWN, 2010.

NOWAK, Kazimierz. *Rowerem i pieszo przez Czarny Ląd. Listy z podróży afrykańskiej z lat 1931-1936*. Poznań: Sorus, 2009.

OCKRENT, Christine (ed.). *Czarna księga kobiet*. Trad. Katarzyna Bartkiewicz et al. Varsóvia: Wydawnictwo W.A.B., 2007. [Ed. bras.: *O livro negro da condição das mulheres*. Trad. Nícia Bonatti. Rio de Janeiro: Difel, 2011.]

OSTASZEWSKI, Piotr (ed.). *Konflikty kolonialne i postkolonialne w Afryce i Azji 1869- 2006*. Varsóvia: Książka i Wiedza, 2006.

RITTNER, Carol; ROTH, John K.; WHITWORTH, Wendy (eds.). *Genocide in Rwanda. Complicity of the Churches?* St. Paul, Minnesota: Paragon House, 2004.

RURANGWA, Révérien. *Ocalony. Ludobójstwo w Rwandzie*. Trad. Marlena Deckert. Radom: POLWEN - Polskie Wydawnictwo Encyklopedyczne, 2009.

RZEWUSKI, Eugeniusz. *Azania Zamani Mity, legendy i tradycje ludów Afryki Wschodniej*. Varsóvia: Iskry, 1978.

SONTAG, Susan. *O fotografii*. Trad. Sławomir Magala. Cracóvia: Karakter, 2009. [Ed. bras.: *Sobre fotografia*. Trad. Rubens Figueiredo. São Paulo: Companhia das Letras, 2004.]

TEMPLE-RASTON, Dina. *Justice on the grass, a story of genocide and redemption*. Nova York: Free Press, 2005.

TERTSAKIAN, Carina, *Le Château. The lives of prisoners in Rwanda*. Londres: Arves, 2008.

THOMPSON, Allan (ed.). *The media and the Rwanda Genocide*. Londres, Ann Arbor: Pluto Press, 2007.

TOTTEN, Samuel; PARSONS, William S. (ed.). *Century of Genocide. Critical essays and eyewitness accounts*. Nova York, Londres: Routledge, 2009.

WALIGÓRSKI, Jacek. *To ty, Emmo? Ni wowe Emma?* Ząbki: Apostolicum Wydawnictwo Księży Pallotynów Prowincji Chrystusa Króla, 2009.

ZIMBARDO, Philip. *Efekt Lucyfera*. Trad. Anna Cybulko et al. Varsóvia: Wydawnictwo Naukowe PWN, 2008. [Ed. bras.: *O efeito Lúcifer: como pessoas boas se tornam más*. Trad. Tiago Novaes Lima. Rio de Janeiro: Record, 2012.]

BIOGRAFIA

W. L. Tochman é repórter, escritor e diretor do Instituto Polonês de Varsóvia.

Das Andere

1 *Kurt Wolff*, **Memórias de um editor**
2 *Tomas Tranströmer*, **Mares do Leste**
3 *Alberto Manguel*, **Com Borges**
4 *Jerzy Ficowski*, **A leitura das cinzas**
5 *Paul Valéry*, **Lições de poética**
6 *Joseph Czapski*, **Proust contra a degradação**
7 *Joseph Brodsky*, **A musa em exílio**
8 *Abbas Kiarostami*, **Nuvens de algodão**
9 *Zbigniew Herbert*, **Um bárbaro no jardim**
10 *Wisława Szymborska*, **Riminhas para crianças grandes**
11 *Teresa Cremisi*, **A Triunfante**
12 *Ocean Vuong*, **Céu noturno crivado de balas**
13 *Multatuli*, **Max Havelaar**
14 *Etty Hillesum*, **Uma vida interrompida**
15 *W. L. Tochman*, **Hoje vamos desenhar a morte**

DIRETOR EDITORIAL
Pedro Fonseca

CONSELHEIRO EDITORIAL
Simone Cristoforetti

COORDENAÇÃO EDITORIAL
André Bezamat

PRODUÇÃO
Zuane Fabbris editor

IMAGEM DA CAPA
Julia Geiser

PROJETO GRÁFICO
ernésto

EDITORA ÂYINÉ
Praça Carlos Chagas, 49 2º andar
CEP 30170-140 Belo Horizonte
+55 (31) 32914164
www.ayine.com.br
info@ayine.com.br

TÍTULO ORIGINAL:
Dzisiaj narysujemy śmierć

© 2019 EDITORA ÂYINÉ
1ª edição novembro 2019

This publication has been supported by the ©POLAND Translation Program

Este livro foi publicado com o apoio do ©POLAND Translation Program

ISBN 978-85-92649-54-8

PAPEL: **Polen Bold 90 g**
IMPRESSÃO: **Artes Gráficas Formato**